我讲我心

广东百姓宣讲纪事

WO JIANG WO XIN
GUANGDONG BAIXING XUANJIANG JISHI

杜新山◎主编

中共广东省委宣传部◎编

SPM 南方出版传媒
全国优秀出版社 全国百佳图书出版单位 广东教育出版社
·广州·

图书在版编目（CIP）数据

我讲我心：广东百姓宣讲纪事 / 中共广东省委宣传部编. —广州：广东教育出版社，2019.9

ISBN 978-7-5548-2971-4

Ⅰ. ①我… Ⅱ. ①中… Ⅲ. ①纪实文学—作品集—中国—当代 Ⅳ. ①I25

中国版本图书馆CIP数据核字（2019）第186181号

主　　编：杜新山
统　　筹：李　斌
撰　　稿：夏泽和　刘迪生
素材采访：于双燕　杨　晨　翁小筑　余　译　赖妙娴

我讲我心：广东百姓宣讲纪事
WOJIANG WOXIN GUANGDONG BAIXING XUANJIANG JISHI

出 品 人：陶　己
策划编辑：赖晓华　刘　帅
责任编辑：渠　汛　刘　帅　王晓晨　吴　杰　李　庆　黄　熙
责任技编：姚健燕
装帧设计：何　维　友间文化

出版发行：广东教育出版社有限公司
地　　址：广州市环市东路472号12-15楼（邮政编码：510075）
网　　址：http://www.gjs.cn
经　　销：广东新华发行集团股份有限公司
印　　刷：广州市岭美文化科技有限公司（广州市荔湾区花地大道南海南工商贸易区A幢）
开　　本：787mm×1092mm　1/16
印　　张：17.25　　**字　　数：**345 000
版次印次：2019年9月第1版　2019年9月第1次印刷
定　　价：78.00元
ISBN 978-7-5548-2971-4

质量监督电话：020-87613102　**邮箱：**gjs-quality@nfcb.com.cn
购书咨询电话：020-87615809

序

把话筒和舞台交给百姓
打通理论宣传最后一公里

常言道，天边不如身边，道理不如故事。一个故事胜过一打道理。习近平总书记就是讲故事的大家，无论是会议讲话、调研谈话，还是出访演讲、报刊文章，他都善于用故事来阐述深刻的道理，让普通老百姓听得懂、记得住、传得开。我们这两年的百姓宣讲，也是以故事传播新思想的努力探索和成功尝试。

百姓宣讲就是把话筒和舞台交给百姓，让百姓唱主角，以小故事传递大道理，是推动习近平新时代中国特色社会主义思想走进基层、走进百姓的一项重要举措。百姓宣讲，就是群众身边的人，讲群众身边的事，以故事传递观点，以真事传递真情，以贴近引发共鸣。

▲ 百姓宣讲现场

要讲真事

只有真实的东西才有生命力，只有事实才能说服人心。百姓故事来自基层，扎根实践，是真人真事真心话，离老百姓最近，老百姓最熟悉，粘着泥土、带着露珠、冒着热气。老百姓从中能够领悟真义、感受到正能量，党的创新理论在潜移默化中春风化雨般地融进群众心里。百姓宣讲有两个关键词，一个是百姓，一个是故事。贯穿这两个关键词的红线是老百姓的日常生活，核心是真实。本书的宣讲案例中，宣讲员讲述的都是自己亲历亲闻的故事，通过一件件真实的小故事展现了改革开放大潮中个人的成长、企业的奋发和祖国的强盛。这些近距离的故事也是我们所经历和所见闻的实实在在、耳熟能详的故事，特别容易产生亲切感和信任感，也给我们更强大、更真实的感染和鼓舞。

要动真情

“感人心者，莫先乎情。”世界上最能让人感动的是人间真情，百姓宣讲的生命力就在于以真情动人。成功的百姓宣讲或有泪点，或有笑点，关键就是要触及观众的心灵深处，以朴实的感情、生动的情节，触发观众的回忆和希望，抒发大家的共同情怀，达到“心灵共振”，使观众产生精神的共通点、思想的共鸣点，实现宣讲在心理、情感上与观众“无缝对接”。在宣讲中，有许多观众情不自禁地抹泪，发自内心地鼓掌，这就是真情的力量。本书收集的故事案例中，有的展现荡气回肠的家国情怀，有的展现跨越国界的人间大爱，有的展现实业兴国的科技创新，有的展现矢志不渝的奋斗担当，都充溢着最朴素、最深沉、最动人的感情。这些真挚的情感带着温度，能够直达百姓心窝，更能获得百姓情感认同。

要说真理

故事与感情都指向真理的揭示。共产党好、改革开放好、伟大祖国好、全国人民好的主旋律，在老百姓善的动机与美的诉求中得到统一。一切崇高的主题、深刻的价值，都能从寻常百姓的生活中找到恰当的形式和载体。我们要做的就是以故事讲述概念，以形象阐释价值，以情感沟通群众，特别是以鲜活的形式吸引目光。具象化的价值更能贴近百姓心灵。我们把这个概念、价值具象化为群众喜闻乐见的新鲜事，运用个性化制作、可视化呈现、互动化传播的方式，使内容得到直观、形象、生动的展示。我们的宣讲有图片、有视频、有背景音乐，形式多样、生动活泼，寓情于景、寓教于乐。从一定意义上说，成功的百姓宣讲就是按照群众的审美趣味和接受心理来打造宣讲形式，在宣讲中真正贯彻群众路线，体现群众关切。

在宣讲活动现场，每一场都掌声不断、泪水不断、欢笑不断。在这些掌声、泪水和笑声中，重要的不是宣讲技巧，而是对事实的陈述，是真情的流露，是百姓的视角、百姓的语言、百姓的情怀。本书中的六名宣讲员有知识分子、企业家、普通员工、大学生等，他们是众多宣讲员中的优秀代表，更是投身新时代中国特色社会主义伟大实践的劳动者的缩影。

把话筒交给百姓，把舞台交给百姓，我们既宣传群众又靠群众自己来宣传，打通理论宣传的最后一公里，唱响新时代的主旋律。也期待更多的人加入我们的宣讲队伍，把我们的主旋律唱得更好更嘹亮。

目　录

宣讲员：蒋开儒

实际上我是为人民写歌。

我专写人民所想的。

当人民所想的和领袖想人民之所想，

想到一块的时候，

我的歌就出现了。

第一篇

真情让春天的歌声传遍四方

编者按语

动人心者，莫过于真情。人间处处有真情，真情时时暖人心。宣讲以真情去感染人，以真实去打动人，宣讲者才能与听众之间产生良好的共鸣与互动，才能发挥百姓故事所具有的感动心灵的内在魅力。百姓宣讲员是众多社会群体中的一员，他们在时代浪潮中不仅有个人的独特经历，更具有能够使人们产生情感共鸣的精神风貌。

蒋开儒从中国最北端的黑龙江省穆棱市追随改革开放的春风，来到改革开放的窗口——深圳，他参与并见证了一种蓬勃的姿态，一种如火如荼的改革热情与不同一般的中国速度。他参与了这个城市早期的发展，他怀着对改革开放设计师的尊敬和感激，怀着对当时中国发展的期待与骄傲，以及对未来更加美好的憧憬写下了《春天的故事》。这首歌在20世纪90年代红遍大江南北，人们从中领略到改革开放的春风和煦，感受到一种蓬勃的新时代气息正从一个曾经的小渔村悄然蔓延开来，将一个崭新的中国呈现给世界。如果说最先向世界展现中国改革开放“春天的故事”的城市是深圳，那么让发生在这座中国南海之滨的城市的故事口口相传、家喻户晓、妇孺皆知的便是词作家蒋开儒。

他创作的《春天的故事》《走进新时代》等作品不仅有广泛的社会影响力，也有良好的社会反响。这些动听的作品与改革开放以来所取得的瞩目成就完美融合，使人们在明快激昂的旋律中产生时代共鸣，歌词超越了语言本身所具有的力量，在情感共融之中更富张力与感染力。同时，一首首歌曲中娓娓道来的故事还激起一代人的共同记忆，朗朗上口的曲调更易为新一代人所接受，为他们展现过往的奋斗与辉煌，继往开来，再接再厉。从这一层面上看，蒋开儒的故事在广大人民群众中有着深厚的情感基础，因此，他的宣讲以情感为纽带，更易为大众接受。

歌言志，曲传情。蒋开儒丰富的人生阅历让他的作品极具时代气息，饱含情感，他深知“情”是牵起人与人之间联系的最紧密桥梁，他的宣讲充满激情与睿智。在蒋开儒的宣讲中，他的故事和他的创作一样，都是从亲身经历、创作经验以及身边发生的事着手，他从来没有把自己与生活割裂开来，也没有将自己所要讲述的内容架空，而是从细处入手，从小事出发，让自己融入生活之中，始终以普通百姓的视觉，以情动人，以事感人。从而才会使自己的宣讲有细节、

▲ 蒋开儒——时代变革的作词人

有温度、有感情，使他想要传达的一代人的感怀、一个新时代改革发展的历程以更为直观、更易为人接受的形式传递给更多的人，使更多的人在这些朴实的内容中感受到一种民族自豪与骄傲，在这些平实的话语中感受到一种磅礴的力量与气度。

作为改革开放的亲历者、见证者，蒋开儒的宣讲通过他一部部作品以及它们背后的故事，紧密连接改革开放的进程，将自身经历融入其中，从而令事、理、情互为印证，赋予历史一种温度与意义，让观众在不知不觉中跟随他的讲述在今昔之间穿梭，既平和亲切，又极具思考空间，这既是对过往的一种遥相呼应，也切合当下时代发展趋势。追昔思今，方能开启新的发展篇章，在高歌之中砥砺前行！

▲ 深圳全景

在开展百姓宣讲活动之前，广东省委宣传部副部长、时任讲师团团长的杜新山了解到北京的百姓宣讲开展得很好，于是他带领讲师团一行人奔赴北京学习宣讲经验。通过与北京市委讲师团深入交流，杜新山对百姓宣讲有了更深刻的认识，他下定决心，一定要将广东的百姓宣讲工作做好。

李希书记接见百姓宣讲员现场

2019年1月9日，由广东省委宣传部主办的“学讲话、讲故事、强自信”百姓宣讲会在广州举行。在最后一场宣讲会之前，中央政治局委员、广东省委书记李希和六位百姓宣讲团成员会面，充分肯定百姓宣讲活动取得的积极成效。来自新闻媒体、制造企业、酒店管理、海关旅检、高校等领域的百姓宣讲员结合各自亲身经历、切身感受，从不同角度讲述了改革开放历程中的奋斗故事，展现了学习贯彻习近平新时代中国特色社会主义思想，投身新时代伟大实践的实际行动和崭新精神风貌。年过八十的蒋开儒作为这次活动的宣讲员之一，那一次的会面让他感受到了来自省委领导的重视与关怀，在随后的宣讲中，他更是从观众的反馈中收获了满满的动力。

“宣讲团虽然小，但是作用非常大。”在蒋开儒这位阅历丰富的宣讲员眼中，百姓宣讲会体现了目前国家特别关注的热点，并通过宣讲员个人的经历展现了国家的发展。百姓宣讲员中有成功的企业家，有勤劳聪慧的创业者，有教书育人的小学教师，有街道干部、社区工作者……通过他们讲述身边的这些人、那些事，以小见大，让大家感受祖国改革开放以来的巨大变化，感受在党的精神指引下

▲ 广东省委宣传部副部长、时任讲师团团长杜新山带领团队到北京调研百姓宣讲

▲ 广东省委宣传部副部长蒋斌（左）与蒋开儒（右）交流

人民富足的生活。百姓宣讲会架起一座座民众与政府间沟通理解的桥梁，发挥了一滴水见太阳的宣传效果。

方寸讲台前，讲述春天的故事

深圳，这座南中国最负盛名的城市之一，高度浓缩一个时代的精华，40 年砥砺奋进，从一个默默无闻的边陲小镇到拥有超过 2000 万人的现代化国际都市，GDP 猛增 1.1 万倍，常住人口增加近 40 倍。是什么成就了深圳？是改革开放让深圳焕发出前所未有的生命力，有力地证明了中国特色社会主义道路一定会越走越宽广，让世界看到了石破天惊的中国速度，感慨这场前无古人的中国奇迹。

深圳作为改革开放的前沿阵地，必须找到自己的代言人，一位具有代表性的宣讲员。“深圳速度”“春天的故事”，提到深圳常会想到这些关键词，按这个思路，广东省委宣传部副部长、时任广东省委宣传部讲师团团长杜新山自然想到了歌曲《春天的故事》的词作者——蒋开儒。于是，讲师团把蒋开儒推荐给深圳市委宣传部，他们很快联系上了蒋开儒。

2018 年年底，在深圳市组织的一场宣讲会上，最后一位上场的蒋开儒让观众耳目一新。这是一位接地气的百姓宣讲员。宣讲员蒋开儒何许人也？——他创作的《春天的故事》《走进新时代》《中国梦》《我的中国节》等歌曲家喻户晓，特别是《春天的故事》让

▲ 蒋开儒宣讲现场

他一举成名天下知。这首歌曲成为见证中国改革开放的标志性文化符号。“蒋开儒老师在讲台上中气十足，有很强的感染力。”在深圳的宣讲会上，当时会场的党员群众无不为蒋开儒出口成章的宣讲感到震撼。这是一次重要的亮相，蒋开儒的表现也让杜新山对自己的选择充满了信心。后来，在他的精心组织安排下，蒋开儒成为中国作词领域走上百姓宣讲台的第一人。作为中国改革开放的亲历者和见证者，蒋开儒站在方寸讲台前讲述春天的故事，讲述生机勃勃的中国故事。

把春天留住，奏响时代最强音

1992 年春，蒋开儒来到深圳，一座座高楼大厦拔地而起，整个深圳仿佛变成了一个大的建设基地，处处充满了新鲜蓬勃的气息。这与 13 年前他路过的乡野一样的深圳比，真是恍若隔世!

假如不曾见过严冬的万物凋零，又怎会有看到春天蓓蕾绽放时的惊喜？蒋开儒在小平同志刚刚走过的深圳大街上追踪着伟人的脚步，真切地感受着春天的声音。他的脑子里萦绕着一个画面——就在他去香港探亲的 1979 年，小平同志也在广东，听了省委一位领导同志的汇报之后，小平同志说：“先在你们广东找一个地方，办一个经济特区，杀出一条血路来 ……”

蒋开儒的心不断地被“杀出一条血路来”猛烈地撞击着。他当

▲深圳的春天

过兵，知道杀出条血路意味着什么，小平同志是统率过百万大军的，绝不会轻易说这句话，说了，就意味着背水一战，意味着流血牺牲，意味着成败在此一举。蒋开儒的脑子里同时浮现出一个画面：小平同志站在中国的大地图前指点江山，寻找着中国经济腾飞的突破点，寻找着创办经济特区的理想之地，他在中国的南海边找到了深圳，就在这个地方画了一个圈……这个感觉一出来，一段段混着春天的馨香，唤醒了心灵深处热烈的共鸣和憧憬的歌词就如清泉一样撞击着内心……

几经修改和润色之后，《春天的故事》诞生了——深圳女歌手刘绍文在广东省青春歌曲创作大赛决赛中首唱，1994 年 10 月在中央电视台首播，随后，家喻户晓的女歌手董文华在中华大地唱响了这首《春天的故事》。

2002 年 1 月 23 日，深圳莲花山山顶邓小平塑像下，蒋开儒遇到邓小平的弟弟邓垦、妹妹邓先群。他问了一个想过千万遍，但没有问，也不知道去哪里问的问题——“小平同志听没听过《春天的故事》？”邓垦告诉他：“听过，很喜欢听，但他一句话也没有说。”蒋开儒感到了满足，这首歌已经传达了大家对小平同志的感谢和爱戴。

一年四季，春夏秋冬，蒋开儒表示最喜欢春天，他强调特别是在心灵发展层面，这个季节充满内在力量，一切处在生长发育之中，一切追求着光明。春天的状态是最好的，而在南方，广州、深圳似

▲ 深圳莲花山山顶的邓小平塑像

乎始终处在春天之中。广东最大的特点是“敢为天下先”，无论在物质上还是精神上，她都不断创新，不断升华。相比 20 世纪 90 年代，当下广东的发展走到了新的历史阶段，更应该继续发扬创新的精神。他相信，通过大家共同的努力，可以把“春天”永远留住，共筑新时代新辉煌。

独具慧眼，发现东方满眼春

蒋开儒从 20 世纪 60 年代开始习作小说、曲艺、戏剧。80 年代以后专攻歌词。蒋开儒第一次到深圳是 1979 年，那次，他从黑龙江前往香港探亲，途经深圳，当时深圳留在他脑海中的印象便是下车后直入眼帘的一片水田。“13 年前，1979 年的春天，我曾到过这里，看到的是一片水田，几头老牛慢吞吞在走。从田埂走到火车站，穿过铁丝网经过罗湖到香港。”1992 年蒋开儒在一次与友人的交谈中这样说道。此次南下，为他后来移居深圳埋下了伏笔。

南国春早。1992 年春天，1 月 19 日到 23 日，时任《深圳特区报》副总编辑的陈锡添全程跟随记录了小平同志在深圳 5 天的活动，并

▲　宣讲会后蒋开儒为观众签名

▼　讲师团工作人员杨晨采访蒋开儒

于3月26日在《深圳特区报》发表了著名的新闻通讯《东方风来满眼春》。这篇报道一下子调动起蒋开儒的好奇心。他当时就想，以前有人养鸡，超过5只就不行，会被人说是搞资本主义小作坊，鸡蛋也只能自己吃，不能拿出去卖，把市场当作敌人这么多年，现在是要激活中国人不敢发财的想法。在他的印象中，香港那边才有高楼大厦，而深圳现在竟然也有了？去深圳看看！那年他已经57岁了，当了10年县政协副主席，但银行的存款只够3个孩子念书。老伴为他借来2000块钱，5月初，他从黑龙江出发南下。好不容易凑齐的钱，他没敢放裤兜，除了买票的钱，其余统统被他提前缝在内裤里。就这样，坐在硬座火车上，一路颠簸，过了白天，经历黑夜，听着火车广播里邓丽君甜美的歌声一路向南。蒋开儒很明确，此次南行，他要寻找一个答案——13年过去，深圳究竟变成什么样了？

坐了70多个小时火车后，蒋开儒在13年前的同一个位置下了车。他急于寻找关于深圳的记忆，却发现，一切与记忆有关的痕迹都已经消失了。有那么几秒钟，他甚至怀疑，自己是不是又到了香港。他再仔细回头一看，火车站大门上“深圳”两个大字在夜色里闪光，是小平同志题的字。这才确认，没错，这里就是深圳。

蒋开儒形容那时候的深圳，人均年龄只有20多岁，满大街的年轻人，看不到老人，也看不到孕妇和小孩。最让他感到惊喜的是在深圳看到了“社会主义的春天”，而最吸引他的就是这里的新观念。站在火车站的那一瞬间，蒋开儒自言自语：“真的是个奇迹，13年便崛起一个现代化城市，春天真的来了。”到深圳不久后，蒋开儒的 2000 元已经所剩无几，他决定出去找工作。没有文凭，凭着一张全国歌词创作比赛二等奖的证书，他告诉老板：“我是当年的第一名，因为第一名空缺。”“不问出处”的深圳给了这位“超龄打工者”一个开始的机会。他在蓝天国际经济交流中心企业家艺术团里找到一份“写字”的工作。从拿补贴的临时工到创作室主任，蒋开儒仅用了三个月的时间，单位便分配给他一间 18 平方米的单身公寓，就这样，他在深圳定居了下来。

随后，蒋开儒在深圳的收获接踵而来。1992 年 12 月 16 日，蒋开儒写下《春天的故事》，并寄往《深圳特区报》以期发表。半个多月后，1993 年 1 月 7 日，《深圳特区报》刊登了《春天的故事》，刊登时还做了套红，镶了花边，特别突出。“我特别感谢《深圳特区报》。我把歌词寄给他们的时候，就花了 8 分钱。”蒋开儒说。多年后，蒋开儒找到当年的编辑，告诉他“你不做的话，这首歌就没有了。因为这个发表才可能有后面的故事”。蒋开儒所说的“后面的故事”，是《春天的故事》在央视播出之后，很快传遍了全国。后来，他继续创作了《走进新时代》《中国梦》《我的中国节》等歌曲，先后获得“五个一工程奖”“文华奖”“解放军文艺奖”等多项荣誉。

有一次出门，在汽车广播里，蒋开儒听到一位幼儿园老师和小朋友的对话，让他至今记忆犹新——

老师问：“小朋友们，你们知道什么是深圳吗？”

小朋友回答："深圳，是邓爷爷画的一个圈！"

2010年9月，在深圳经济特区建立30周年的庆祝大会上，蒋开儒被评为"深圳经济特区30年杰出人物"之"杰出创新人物"。蒋开儒说："大家之所以喜欢我的主旋律作品，我觉得是我选取的角度与众不同。《春天的故事》《走进新时代》我都是从小处着手，写的却是大事。"

诗性表达，改革开放是首歌

蒋开儒人生经历丰富，早年参过军，当过文化教员、文化馆馆员等。八年的军旅生涯，蒋开儒颇有眷恋之情，军队是一所大学校，也是一个大熔炉，军队给了他坚强的意志、健壮的体魄，让他学到许多有用的知识，也养成了遵守纪律、按时作息等良好习惯，这也为他后来的成功奠定了基础。

从初抵深圳至今，蒋开儒个人的生活有了很大变化。刚来深圳时只有他一个人，他不断写信给老伴，把接触到的新思想都告诉她，那时候，他的小儿子念高中，后来孩子上了大学，老伴也过来了。

他写《春天的故事》时只是一个企业文工团的员工，1997年，他已经成了知名的词作家。香港即将回归，很多人都希望蒋开儒能够再写一首歌，像《春天的故事》一样可以寄语时代变化。"其实，我自己也一直在找一个点，想给即将召开的党的十五大，给即将回归的香港写首歌。”但直到 1997 年 5 月，他才找到创作的灵感。

“中国人以前是穷怕了，改革开放富起来之后，就特别担心又变回去，这下好了，不会变了。”一天晚上，蒋开儒一口气写出了一首新歌，他想献给中国共产党——《走进新时代》。“我们是接力赛，继往开来！”他说，“我希望这首歌不仅党内能唱，党外也能唱；不仅国内能唱，国外也能唱。中国文化走出去，就会变成强大的力量；中国人走出去，就会带去崭新的气象！”

后来，这首歌的演唱者张也告诉蒋开儒，她在美国唱《走进新时代》，只能独唱第一段，唱到第二段，往往全体都会起立，一边跟着她唱，一边鼓掌，还有人抹眼泪。蒋开儒很激动，对张也说：“张也，你把中国特色唱给了世界。他们站起来鼓掌，跟着你唱，表示他们对中国特色的理解和敬畏！”蒋开儒的这首歌发表之后，再一次被广泛传唱，受到了人们的喜爱，蒋开儒也因此获得多项大奖，包括中宣部“五个一工程奖”、中国金唱片奖等。

1998 年，蒋开儒和老伴的户口转进深圳，成为真正意义上的深圳人。1999 年，他当选深圳市文明市民、深圳市优秀专家。他说，按理说，我们是在北方退休的，户口是转不进深圳的，但这就是深圳，只要你做出贡献，深圳就会尊重你、接纳你。

蒋开儒成名后，很多人问他，为什么你写的歌都能够成为时代的声音？蒋开儒认为，他每写一首歌都是自己思想的一次飞跃。“我对新观念特别敏感，每次我都能从中央的报告、讲话中找出新思想。”

蒋开儒在深圳收获了许多，他希望把自己的经历，把自己对南方、对深圳的感受和认识告诉更多人，所以，他成为一名百姓宣讲员。他对演讲一点儿都不陌生，在他的电脑里保留了一份《演讲日子记录》，详细记录了其每一次演讲的时间和地点。从 1979 年 7 月 1 日在牡丹江市委的第一场演讲开始，至今，他演讲已超过 200 场。

“改革开放是首歌，我有幸用歌词做了记录。1992 年，那是一个春天，我从黑龙江穆棱县政协副主席岗位退下来，看到了深圳的长篇通讯《东方风来满眼春》，我特惊奇。”这是蒋开儒宣讲中的开场。把歌词结合到宣讲中，就是总结提炼的结果。“原来的开头就比较长，把我的演讲和歌词融合在一起。大家听了很感兴趣，又不夸张。”蒋开儒说。谈到为何能脱颖而出，蒋开儒认为：“我讲我个人的故事、歌曲创作的来龙去脉，大家都喜欢听。”

《春天的故事》真正“火”是董文华演唱它之后。1994 年冬天，董文华在一个军民联欢晚会上第一次演唱了《春天的故事》，歌词中“有一位老人”改成了“有一位伟人”，“在中国的南海边画了一个圈”改成了“在中国的南海边建设特区一片”。三天后的春节联欢晚会上，董文华再次演唱这首歌，又把歌词改回来了。“当时我写‘老人’这个称呼时，是觉得小平同志特别像我们家里面的人，把家家户户管得很好，又非常亲切。听到原本的歌词在春节联欢晚会上唱出时，我心情舒畅，特地在家里喝了点小酒。后来才听说，之所以改回来是因为老人家喜欢原版。”蒋开儒在宣讲会上，插入

▲ 拥抱改革开放，拥抱新时代

上述故事细节，如此接地气，得到广大观众的欢迎。

从小听《刘三姐》的歌长大的蒋开儒说，《刘三姐》的歌词是讲故事的，容易让人产生共鸣，这也是蒋开儒之后写词的精髓所在。蒋开儒常常用桂林话演唱自己作词的歌曲《春天的故事》，他目视前方，手像打拍子似的比画着，“1979 年，那是一个春天……”尽管年过八十，这位知名词作家依然中气十足，情感丰沛。

后来，蒋开儒遇到了挑战，如何把演讲压缩在 12 分钟以内。他说：“以前我在清华、北大演讲，都是讲 80 分钟、90 分钟，在深圳那场宣讲会也讲了十八九分钟，在这里只能讲 12 分钟，要选一些精华的东西，要把故事里更有哲学含量的精华内容讲出来，把让自己感动的、让别人有共鸣的东西呈现出来。”

在讲师团的帮助下，蒋开儒准备讲稿的过程一直持续到宣讲的临场。他对待宣讲精益求精，没有一句多余的话。每一次演讲，他都非常关注观众的反应，“你会发现哪些文字观众最喜欢，哪些很感人，把它们提炼出来。最后让宣讲既非常连贯，又非常生动”。他的演讲时而慷慨激昂时而风趣幽默，观众的情绪随着他的演讲跌宕起伏，现场不时爆发出阵阵掌声。讲到动情处，一些观众潸然泪下。

在宣讲期间，讲师团的专业指导也让蒋开儒受益匪浅。他举例说：“我以前演讲的时候会在一开始就把年龄暴露出来，讲师团建议我先不要暴露年龄，要让观众先猜想，再揭秘，年龄和状态有距离感，更能够引起别人的兴趣。”从服装到姿态，从语言到状态，讲师团对蒋开儒都有细致的要求。“只有12分钟，要把最好的状态呈现给大家，才能不辜负大家的时间。”蒋开儒说，“原来我们都有情感故事的基础，现在加上技巧上的提高，整体水平上了一个台阶。”

宣讲不喝水，保持最佳的状态

2001年以来，蒋开儒应邀在北京大学、上海东华大学、广东岭南学院、广西师范大学、兴安师范学院、中国首届名牌大会、黑龙江农场总局、深圳边检总站等地做讲演。在2006年的“深圳市民文化大讲堂”中讲演《阳光人生》时，他用自己多年的真实经历总结出三种思维方式：逆境中的暗示性思维、文学中的创造性思维、生命中的积极性思维。这三种思维给人们以成功启迪和健康思考，深受听众欢迎。

成为百姓宣讲员，83岁的蒋开儒也开启了广深两地的双城生活。从深圳站到广州东站，单程火车需要1小时10分钟。蒋开儒来来回回走了十多趟。“我一般会提前一天到，保持演讲前的最佳状态。讲师团对我照顾得非常周到，我什么时候下火车，什么时候到酒店，他们都很关注。”每每说起宣讲的时候来回广州与深圳，蒋开儒总是笑着说，坐地铁、坐火车都很方便，来回跑是很容易的事情。讲师团工作人员对蒋开儒认真的态度也印象深刻。“他总是随叫随到，为了我们的宣讲，多次推拒了别的活动，而且从不要我们接送。”讲师团工作人员回忆说，“有一次下大雨，等了很久都没有等到他，电话又打不通，我们非常着急。在约定时间 2 个小时后，终于等到了他的电话。原来他在车站打车，等了 1 个多小时。这让我们非常感动。”

同时，蒋开儒不断总结宣讲经验，他在美国洛杉矶演讲时形象地说：“《春天的故事》是一个圈（比手势“O”），《走进新时代》三句话（比手势“3”），加在一起是 OK！”讲到这里，现场爆发了热烈的欢笑和掌声。有些内容用文字难以表达，但用意象来表达人们便更容易接受，连孩子都能明白。

蒋开儒在准备演讲稿的时候，就会设想说到哪观众会有掌声，哪里有大掌声，哪里有小掌声，在短短十多分钟的宣讲里，共设计了五个能够引起观众掌声的点。他说：“这些预想都实现的时候会带来非常大的满足感。”除了在文字上下功夫，对于宣讲的节奏，蒋开儒也特别关注：“为什么我演讲时不喝水，因为要爱护观众。演讲是有节奏有旋律感的，就像在心里有个乐团正在演奏，一喝水就出现休止符了，观众内心会不舒服。” 演讲还要跟画面配合在一起，画面也是有节奏的。宣讲过程中，讲师团有专门工作人员负责演示文稿的切换。因为对节奏特别关注，蒋开儒原本并不放心把切换文稿的工作交给别人，但在后来的磨合中，他发现讲到“中国文化走出去，就变成强大的力量；中国人走出去，就带去崭新的气象”时演示画面会咔嚓切换；说到“我看到了新加坡《海峡时报》，我不认识英文，却认识英文版上的照片，那就是我”时一回头，手一指，报纸上的照片便出现在屏幕上，这种合作无间的默契让蒋开儒异常欣喜。蒋开儒为此亲切地称呼负责演示文稿的工作人员为“演讲宝贝”。他说：“他们节奏把握得特别好，把我解放了。画面是跟着你的情绪走的，讲到哪里，画面就到哪里，节奏感恰到好处。”

在崇尚美学的蒋开儒眼里，歌唱家们通过歌声把中国的理念传播出去，是非常值得尊重的。好的思想需要传播，创作和演讲就是他传播的方法。他从心灵出发，写出能让大家产生共鸣的歌词；专注演讲，精益求精，把这个工作变成一种享受。他说：“观众的状态对演讲人的影响是很大的。每次分享之后，观众受到感染会把能

▲ 后台工作人员默契地配合蒋开儒

量返送给你，这就是演讲的快乐感。”他把中国传统文化与时代精神融会贯通，通过朗诵自己所写的诗歌来深情表达出对祖国的热爱，对生活的热忱，对家乡的眷念，以及面对挫折永不屈服、迎难而上的精神。

蒋开儒喜欢到农村宣讲，因为乡亲们很有感情，他们喜欢你、认可你，就会用热情来表达他们的喜爱、表达他们内心的感情。“我从一个大舞台，走进农村最基层的舞台，乡亲们不用鼓掌，从他们的目光中我就能感受到亲情。在演讲中，我感觉到乡亲们的那种感悟和在大城市演讲时是一样的，所有感动的地方他们都有反应，该有掌声的地方他们一样给予掌声。”

蒋开儒被外国媒体盛赞成“为中国领导人写歌的顶级词作家”，一路走来，他的每一首歌词都恰到好处地把握了中国时代的脉搏。他不时想起深圳，这座城市带给他的荣耀，蒋开儒说：“‘深圳经济特区 30 年杰出人物’榜单中的大部分人是当年以高层人士的身份被调进深圳的，而我是闯进来的，深圳承认了我。颁奖那天，30 位杰出人物坐在一起，当中有那年为深圳创造两千多亿产值的人物——他们创造了让全世界人民惊讶的科学技术和物质财富。而我是文化界的代表，和他们坐在一起的时候，我感到大家都是平等的，这其实也证明，深圳对精神文明和物质文明一样看重，印证了广东精神包含的和谐、包容、平等和自由。”

宣讲稿

回到宣讲现场

蒋开儒：我为改革开放写首歌

改革开放是首歌！我有幸做了记录。

1992年，那是一个春天，我从黑龙江穆棱县政协副主席岗位退下来，看到深圳的长篇通讯《东方风来满眼春》，我特惊奇！

深圳那个地方我去过。1979年那个春天，我去香港探亲，路过深圳，我是踩着田埂去的海关，深圳就是一片水田。怎么小平在那

▲ 蒋开儒宣讲现场

里一讲话全国都轰动呢?

因为好奇，我闯进了深圳，一进深圳就吓了一跳!

原来那片水田变成了摩天楼!

太震撼了! 从1979到1992，仅仅隔了13年，而这13年，正是社会主义困难期——东欧剧变、苏联解体、中国经济走到崩溃边缘。小平让我们杀出一条血路，深圳闯出一条社会主义康庄大路!

感恩小平，我想给他老人家写首歌!

要写歌就得赖在深圳了。可是囊中羞涩，出门只带了2000块钱!第二天我就找工作，真好，特区特包容，那年，特区人均年龄27岁，却接受了一个57岁的“超龄打工者”。那年我57岁，今年84岁!

当时流行十个字——东西南北中，发财到广东。

到了广东，最吸引我的不是钱，是新观念。有封信可以证明!到深圳第十五天，收到老伴来信，她问:特区人什么样? 给她回信，一不留神，写了一段顺口溜——

“特区的女人怕热/特区的男人怕冷/三伏天的男人们西装革履/高贵锁衣领/三九天的女人们袒胸露背/华丽飘短裙/不讲谦虚讲自信/不排辈分排股份/不找市长找市场/不求安稳求创新/不惜汗水惜光阴/光阴就是时间/时间就是金钱/效率就是生命。”

新观念给我春天的感觉! 小平来的时候也是春天，我一提笔就写下了《春天的故事》!

我们唱着《春天的故事》《走进新时代》!

香港回归那一年，罗湖区让我写组歌。一共十首，最后一首我想献给中国共产党。

没有共产党就没有新中国，没有共产党就没有香港回归！

我希望这首歌不仅党内能唱，党外也能唱；不仅国内能唱，国外也能唱！我把眼光投向了国际！

当时，西方有些人说只有他们才是民主社会。我想告诉他们，他们是西方民主，我们是东方民主。他们喜欢用换届选举标榜民主，其实这只是与东方不同的民主方式。他们是拳击赛，打倒重来；我们是接力赛，继往开来！

2009年，张也告诉我，她在美国唱《走进新时代》，只能独唱第一段，唱到第二段，往往全体都会起立，一边跟着她唱，一边鼓掌，还有人抹眼泪。我听到这个细节，特感动！我说："张也，你把中国特色唱给了世界。他们站起来鼓掌，跟着你唱，表示他们对中国特色的理解和敬畏！"

中国文化走出去，就会变成强大的力量；中国人走出去，就会带去崭新的气象！

2012年，我去新加坡旅行。新加坡是我的风景，我也成了新加坡的风景！

第三天我接受新加坡《海峡时报》的采访。

记者说："每年来新加坡旅游的旅客大约一千六百万，其中有许多各行各业的领袖人物，但专为领袖写歌的，目前只发现您一个。

您为什么专写领袖歌？”

第一次听到“领袖歌”这个提法，我感到特别荣幸，又有点不敢当！

我说：“实际上我是为人民写歌。我专写人民所想的。当人民所想的和领袖想人民之所想，想到一块的时候，我的歌就出现了。中国人民站起来以后，最想富起来，小平让我们富起来，就出了《春天的故事》；小平之后，老百姓最怕走回头路，最想继续往前走，就出了《走进新时代》。现在，老百姓最想——让改革开放创造的巨大财富为全国人民共享，这正是当代领袖所想的，就出了《中国梦》！”

采访之后第五天，我看到了新加坡《海峡时报》，我不认识英文，却认识英文版上的照片，那就是我。

接着，北大百年讲堂安排我去讲《中国梦》，那个日子很特别——11 月 7 日，第二天十八大召开！

北大用三首歌献给十八大——《春天的故事》《走进新时代》《中国梦》！

我特别感恩北大！在这个历史重要节点上，推出《中国梦》！

我也特别关注十八大的新思想！

真幸运！习近平总书记上任第 15 天，就畅谈中国梦！

找到了，中国梦的灵魂找到了，我写出新版《中国梦》：

“中国人 / 爱追梦 / 千年美梦 / 一脉相通 / 梦桃源 / 梦大同 / 梦

一个天下为公 / 中国人 / 爱追梦 / 与时俱进 / 穿越时空 / 梦嫦娥 / 梦回归 / 梦一个小康繁荣 / 中国梦 / 复兴梦 / 中国梦 / 和平梦 / 太平洋太平 / 一带一路共赢 / 共建共享共同的世界梦 / 中国梦 / 复兴梦 / 中国梦 / 和平梦 / 天下为公 / 世界大同”

《中国梦》唱到了美国，洛杉矶约我演讲《我的梦中国梦》，我讲了五首歌的故事！

讲到第四首，全场活跃。第四首《中国好运》是献给十九大的。那天十九大刚闭幕四天！

十九大的灵魂和亮点是新时代、新思想。新时代是习近平领导我们走进中国特色社会主义新时代，新思想是习近平新时代中国特色社会主义思想。

“新时代 / 新思想 / 让春天更美 / 让时代更靓 / 所有的心都插上翅膀 / 所有的爱都变成力量 / 所有的路都通向复兴 / 所有的梦都美梦成真 / 中国好运 / 日子好爽 / 悠悠五千年 / 我们赶上了最好最好的时光”

第五首《我的中国节》他们特熟悉。开头就是“小时候”，朋友们一听就想回到童年——

“小时候 / 最盼过节 / 因为过节感动了老天爷 / 所以节日的天气很特别 / 清明节的雨 / 元宵节的雪 / 重阳节的风 / 中秋节的月 / 春节爱家大团结 / 端午节爱国好气节 / 家在传承 / 情在连接 / 中国精神大张扬 / 我的中国节”

2013年，《我的中国节》音乐电视片寄到美国，纽约飞来主持人，对我进行专访。

我说："清明节的雨，就是人掉眼泪，天掉雨点；元宵节的雪，就是人盼丰收，天寄喜报；重阳节的风，就是人要高风亮节，老天就刮风；中秋节的月，就是人间团圆，天上月圆！"

"哇，天人合一，东方大智慧！"主持人一声惊呼，表示要安排一个理想时段推出。

当年6月，习主席和奥巴马在美国庄园会谈期间，纽约时代广场滚动播出《我的中国节》，每四十分钟滚动一次，连播六天六夜。

中美两国领袖会谈新型大国关系，谈的是中国方案——不冲突，不对抗，相互尊重，合作共赢。

▼ 以歌传情，以情动人，蒋开儒宣讲《我为改革开放写首歌》

《我的中国节》成了中美领袖会谈的背景音乐！

演讲之后，又唱了三首歌——《我爱你中国》《春天的故事》《走进新时代》。

这些歌是一群音乐家创作的，我只是一个代表。

记者说三首歌选得好！《春天的故事》是一个圈，《走进新时代》三句话，加在一起是 OK！

记者问："一般领袖歌只在本国唱，你们的领袖歌，怎么哪都唱？"

我骄傲地告诉他们："因为我们的领袖，不仅为全国人民服务，还为全人类服务！"

相关链接

【来源】读特新闻客户端

他是《春天的故事》的创作者，也是祖国的咏唱者

《春天的故事》《走进新时代》《中国梦》……这些脍炙人口的歌曲，带着不同时代的鲜明烙印，成为每个中国人记忆中不可磨灭的旋律。蒋开儒，一名在深圳居住、创作的词作者，也随着这些歌曲被全国人民所熟悉。

在他看来，自己的创作全部是自然流露，歌咏心声。“我这一生都是和国家的命运紧密联系的，我为祖国写歌、为人民写歌。我用歌咏的方式讲出自己的心里话、老百姓的心里话。”

从大片水田到繁华特区，唱响《春天的故事》

1992 年，57 岁的蒋开儒从黑龙江省穆棱县文联主席及政协副主席的岗位上提前退下。3 月，他偶然看到《深圳特区报》上的长篇通讯《东方风来满眼春》，反复细读了多遍，十分震撼。他记得，自己十几年前去香港探亲时路过深圳，眼前只有大片水田，而在文

章里，这座城市有纵横交错的宽阔马路、有创下“三天一层楼”纪录的国贸大厦、有成片的大楼高耸入云……

他决定去看看。

5月初，带着2000块钱，他从黑龙江坐了70多个小时的硬皮列车到了深圳站。记忆中的水田不见了，取而代之的是一栋栋的高楼大厦。

半个月后，他给妻子写了一封信讲述深圳见闻：“特区的女人怕热，特区的男人怕冷。三伏天的男人们西装革履，高贵锁衣领。三九天的女人们袒胸露背，华丽飘短裙。不讲谦虚谈自信，不排辈分排股份，不找市长找市场，不求安稳求创新，不惜汗水惜光阴。光阴就是时间，时间就是金钱，效率就是生命……”

在深圳，蒋开儒一边观察，一边思考。“我看到深圳是一个圈，圈外是关外，圈内是关内，圈外是计划经济，圈内是市场经济。”“1979年，那是一个春天，有一位老人在中国的南海边画了一个圈”，一段歌词在他的脑海中隐隐浮现出来，于是他提笔写下了《春天的故事》。

歌词写好后，蒋开儒把歌词寄给了《深圳特区报》，被编辑选中，刊登时还做了套红，镶了花边，特别突出。随后，他找到作曲家王佑贵一起把这首歌创作完成，歌曲传唱至今，已成为主旋律歌曲创作史的一座里程碑。

笔耕不辍，始终记录时代变迁与国家发展

香港回归那一年，罗湖区让蒋开儒写组歌。一共十首，最后一首他想献给中国共产党，于是他写了《走进新时代》。

“我们是接力赛，继往开来！”他说，“我希望这首歌不仅党内能唱，党外也能唱；不仅国内能唱，国外也能唱。中国文化走出去，就会变成强大的力量；中国人走出去，就会带去崭新的气象！”

后来，这首歌的演唱者张也告诉蒋开儒，她在美国唱《走进新时代》时，只能独唱第一段，唱到第二段，往往全体都会起立，一边跟着她唱，一边鼓掌，还有人抹眼泪。蒋开儒很激动，对她说：“张也，你把中国特色唱给了世界。他们站起来鼓掌，跟着你唱，表示他们对中国特色的理解和敬畏！”

在党的十八大召开之后，蒋开儒写出新版《中国梦》：

“中国人 / 爱追梦 / 千年美梦 / 一脉相通 / 梦桃源 / 梦大同 / 梦一个天下为公 / 中国人 / 爱追梦 / 与时俱进 / 穿越时空 / 梦嫦娥 / 梦回归 / 梦一个小康繁荣 / 中国梦 / 复兴梦 / 中国梦 / 和平梦 / 太平洋太平 / 一带一路共赢 / 共建共享共同的世界梦 / 中国梦 / 复兴梦 / 中国梦 / 和平梦 / 天下为公 / 世界大同”

“写这首歌，我就是想告诉大家，我们是中国梦的追梦人，更

是中国梦的圆梦人。”蒋开儒说。

近几年，蒋开儒依然笔耕不辍，在他的笔下，每首歌曲都与时代、与祖国紧密相连：《中国好运》是献给十九大的——“悠悠五千年/我们赶上了最好最好的时光”，《我的中国节》则是抒写中国传统文化——“家在传承/情在连接/中国精神大张扬/我的中国节”……他始终是时代变迁与国家发展的忠实记录者。

与时代同步，讲出老百姓的心里话

蒋开儒是一个充满活力的人，今年84岁的他仍然活跃在全国各地，到处交流演讲，考察各地的新鲜事物。不久前，他在北京参观了《伟大的变革——庆祝改革开放40周年大型展览》，看完十分兴奋。广东庆祝改革开放40周年百姓宣讲报告会上，他是宣讲成员，他激动地对观众讲：“改革开放，我是受益人，老百姓都是受益人。改革开放给中国带来了春天！”

“在心为志，发言为诗。”蒋开儒说，自己并不是科班出身，但写歌词对他而言却是自然而然的事，“一开始我是写剧本，后来发现我编不行，但我写心里话行。当时我和台湾亲人们见面，聊了好几天，我就想把心里话都写出来，谱成歌。”

他说，自己爱学习、爱思考、爱感悟。他一直在关注国家，对新思想、新观念特别敏感。他留意生活中的细节，一感动就引发联想，一看到眼前的景色就有情感波动，很多作品都是不知不觉就浮现在脑海中的。

“用经典引领经历，用经历证明经典。”蒋开儒所表达的老百姓的心里话，与时代紧密地维系在了一起。“其实我是为人民写歌。我专写人民所想。当我把那种博大而深厚的感情用歌词倾诉出来时，就很自然地得到了大家的共鸣。”

不断涌现的新生事物给了他源源不绝的灵感。如今，他依然在观察、在创作，为时代唱响优美而昂扬的乐章。

【祖国，我想对你说】

新中国是首歌，我有幸用歌词做了记录。我用的是心灵语言。有时，我像孩子对妈妈说：“投入了你的怀抱，就把一生交给了你。”有时，我以老百姓身份表达国家意志：“让我告诉世界，中国的命运自己主宰；让我告诉未来，中国进行着接力赛。”有时，我以华夏子孙之心张扬无比的幸福感：“悠悠五千年，我们赶上了最好最好的时光。”

——蒋开儒

宣讲员：陈洪波

无数个优秀的中华儿女，

正用自己的爱与坚持努力践行着

从“中国制造”到“中国智造”

——在新时代的中国，

定当有更多让世界刮目相看的新成就！

第二篇

从“中国智造”中走来的宣讲员

编者按语

进入高质量发展的新时代，科技创新是激发企业活力的动力源泉，“中国智造”已成为加快发展战略性新兴产业，全面提升产业技术水平和国际竞争力的一项重要发展战略。广东围绕建设国家科技产业创新中心总定位，不断加强重大科技基础设施和创新平台建设，用科技创新助推全省高质量发展。广东嘉腾机器人自动化有限公司（以下简称“嘉腾公司”）作为一家中国最早进行机器人认知技术探索的高科技制造企业之一，曾四次走进德国汉诺威工博会，在当今规模最大的国际工业盛会上展示中国智能装备。2016年，嘉腾公司“大黄蜂”和“小白豚”两个产品，荣获国际知名工业设计奖项“红点奖”。宣讲员陈洪波是嘉腾公司联合创始人，他以自己的亲身经历，讲述了他潜心贯注投身实业，不惜下血本、花大力气坚持自主研发机器人的坚守与奋斗。当他带着他的机器人在世界最大的舞台上亮相时，他赢得的尊重不仅来自产品本身过硬的品质，更来自他精益求精、执着求索的匠人精神与勇于创新乐于奉献的家国情怀。他的宣讲以真实经历感染人、激励人，以真情实感打动人，他的故事真正做到了个人的小生活与时代的大发展同频共振。

我们与陈洪波交流的过程中，深深被这位实干家的憨厚与朴实所感动。陈洪波的故事很多，但要把一个毫无宣讲经验，一直专注于自己研发事业的草根汉子打造成为聚光灯下谈吐自如、万众瞩目的焦点，谈何容易！从没有宣讲经历的陈洪波在第一次宣讲时，信心大为受挫。但是我们相信，百姓宣讲就是要以百姓为主，不仅要讲百姓喜闻乐见的故事，更需要让百姓接受的宣讲员来讲，陈洪波的个人情况与奋斗成长很符合百姓心目中的“草根英雄”。我们根据陈洪波在初次宣讲时所存在的问题，结合对以往成功宣讲案例的认真研究和分析，以及陈洪波的个人性格特点，不断对其进行鼓励。一条倾注着殷殷寄望与鼓励的短信，让陈洪波深深体会到了良驹遇伯乐的感动，他更加坚定了努力完善自己的信心，有了争取在下一次宣讲中努力提高的动力。在接下来的宣讲训练中，无论是准备过程，还是宣讲进行时，无论是稿件文字，还是现场表现，乃至自己的形象设计，他不断与工作人员沟通、协商，并不断调整演讲的节奏、表情，力求声情并茂。可以说，陈洪波的成功，是他个人的成功，也是宣讲组织者的成功。

▲ 宣讲中的陈洪波精神抖擞

这一路走来，陈洪波感到并不轻松，但意志足够坚定与豪迈——因为他知道，他不是一个人在前行，在他身后，是整个团队的支持。把自己十几年艰辛的创业之路浓缩于十几分钟的宣讲中，被感动的不只是台下千万观众，还有他自己。

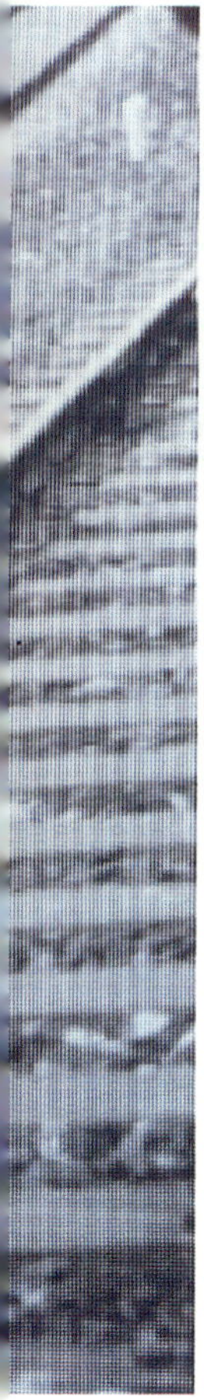

创业是艰辛的，成功需要个人付出，也需要良好的创业环境。当他讲到当年去注册公司的时候，在办事窗口前那怯弱中带着勇气的一问：“是不是书上没有的，我们中国就都不做了？”当讲到办事员敢于破除不合时宜的规定，郑重地审批同意时，台下观众被深深震撼。是啊，正是这种敢为人先、以企为本的服务理念造就的一流环境，成就了企业，孕育了企业家，培育出了一流的实干创业的氛围。这种成功背后的艰难坎坷、苦累辛酸，道出了所有创业者的心声。在陈洪波的宣讲中，我们听到了中国人心中一种铿锵有力的声音，一种锲而不舍、刚毅果敢的斗志，也看到了那蕴藏在每一个普通中国人身上的中国精神！我们坚信，正是因为各行各业中有着无数个像他这样的普通人，努力践行从“中国制造”到“中国智造”，我们才能以更快速度缩小与国际先进水平的差距。他们，因为有他们，我们完全有理由相信在美好的新时代，我们将迎来一个更具活力、更具创造力、更具竞争力的富强中国！

这是一次特别的宣讲会，省委宣传部讲师团的筛选功夫、识别功夫、磨炼功夫、锻造功夫，在这次宣讲会上，展现得特别精彩，也发挥得淋漓尽致。

宣讲员陈洪波站在台上，靛蓝色的西装配上浅蓝色的领带，头顶的灯光投射下来，一双黑眸显得更加清澈有神。当他声情并茂地讲到刚毕业来到顺德，将路牌上的“伦教”错看成“伦敦”的时候，他微微停顿了一下，带着一种发自内心的欢欣和激动，很少有人可以读懂他此刻的心情。而此时，坐在台下第一排的广东省委常委、宣传部部长傅华却露出了笑容。这笑容里有欣赏，更有一份意味深长的期许和期待。

紧接着，是连绵不绝的掌声。掌声像春风荡漾的波光在陈洪波的身体里掀起了一阵又一阵涟漪。这是位于珠江边海印桥旁的珠岛宾馆八角楼圆形报告大厅，座无虚席，在场的每一位观众都被他激情饱满的情绪感染了，欢腾了，台下不断地爆出热烈的掌声和喝彩声！

又是一次精彩的讲演。对于陈洪波来说，这已经不是第一次了。但不管是第几次，他永远都如第一次般认真和敬畏。在讲演中学习，在学习中讲演。

宣讲会在一片欢呼的掌声中结束，台下的观众都争先恐后地跑过来、围过来、挤过来要跟他合影。这时，广东省委宣传部副部长蒋斌特意走过来亲切地拍了拍他的肩膀，笑着说：“好样的！洪波，你完全可以毕业了。”这句话掷地有声，铿锵有力，令人振奋又心安。话声刚落，陈洪波抑制不住内心的喜悦，与蒋斌副部长合掌一拍。一向不苟言笑的他，居然咧开了嘴，发出一串清朗的笑声来。

这个值得铭记的日子，是2019年1月9日，新年的钟声刚刚敲过。

▲ 每一次宣讲，陈洪波永远都如第一次般认真和敬畏

团长的邀约

自古湖湘出人才。岳麓书院门口，就挂着四字榜书对联："唯楚有材，于斯为盛。"出生于湖湘之地的陈洪波，谈吐之间有几分斯文和谦虚，十分好打交道。他跟许许多多的民营企业家既相同又不相同。相同的是勤奋与吃苦，不相同的是始终保持着低调与内敛，不管遇到什么，无论有什么焦虑与不安，他总是那么从容镇定、沉稳大气。更难得的是他私下交谈中很少有豪言壮语，但在他平淡的语气中，又能充分感受到练达与顽强。他说，自己做梦也没想到，能从一个打工仔变成嘉腾公司副总裁。他说得很平和缓慢，可是在他的眼里却有了灼灼的火，燃烧着他的内心，离乡创业的画面一直深深地镌刻在他脑海中。

2000 年大学毕业，更南的南方在召唤着他，"世界这么大，我想去看看"。于是在广东与家乡之间，他选择了拥有更多激情与机会的广东。说走就走，背着简单的行囊，装着对远方的期许，陈洪波选择了一种现在看来颇有"诗意"的交通工具——绿皮火车。

绿皮火车在散发着稻香的田野间穿行，他似乎还闻到了粮食的味道，这种味道冲淡了车厢内拥挤不堪的闷热与颠簸。他喜欢这样的味道，这是劳动带来的愉悦的气味。火车抵达的城市是佛山。

坐着绿皮火车从湖南老家来到佛山顺德找工作，初入社会，面对陌生的环境和陌生的脸孔，可想而知他的艰辛。俗话说，好事多磨。由于人生地疏，举目无亲，却因此磨炼了他的韧性和刻苦。从最初最低的地方做起，没有一点儿社会和工作经验，想要寻找到属于自己的位置是何其的艰难啊。可是对陈洪波来说，这并不算什么，因为他最能吃的就是苦，最能忍的就是泪。他开始学习做贸易，一开始生产治具，后转行生产自动化机器人，创业的过程几经周折，跌宕起伏。“不负时代不负君，该拼之时就得拼。”陈洪波坚守这一信念，乘着改革开放的春风，经过19年的艰苦创业，如今，公司生产的机器人产品品质居于行业前列。没有人知道他到底经历了什么。

那段艰苦创业的日子，现在想来，对他无疑是一笔难得的财富。一开始三五个人，后来做治具，增加到二三十个人。治具是台资厂的叫法，类似于模具，他去工商局注册时，政府办事员说，不知道治具是什么，这本厚厚的指导书上从来就没有这个东西，不能注册。看着被递出窗口的文件，他当时就懵了，但还是鼓起勇气，怯怯地问了一句：“那是不是书上没有的，我们中国就都不做了？”办事员想了一会儿，竟然收回了文件，同意给他注册了。这真的让他特别感动和高兴，这位办事员陈洪波至今都不知道他的名字，但他敢为人先的做法，就像一盏明灯，给陈洪波指明了人生的方向，也为他扎根广东埋下了伏笔。陈洪波深刻地体会到：改革开放的前沿就是不一样，政府开明务实，真心服务企业。他在心里暗下决心，一定要好好干一番事业。

当时，他们做治具需要用到一种合成石材料，这种材料完全依赖进口，只有法国和瑞典有，像门板一样大，到中国不裁小卖，整块按公斤卖，四五百元一公斤，必须自己上门提货，且只收现金港币，这是陈洪波长这么大第一次见到港币。他永远忘不了那段日子，他一次又一次地在虎门大桥守着一张“门板”等朋友的顺风车，连厕所都不敢去上，一张“门板”几万元，几乎是他的全部家当，不能丢。曾经多少次，他在广州海珠桥附近等公交车，许多司机只要看到他身边超长、超宽的“门板”，就会开着公交车绝尘而去，而最终停下来的那一辆，总能让他热泪盈眶。出身草根，何其卑微，就连一辆停下的公交车都能让他感激涕零。

后来，陈洪波又继续找高校合作，坚持不懈，反复试验，终于将合成石研发制造出来，填补了当时亚洲的空白。高峰时期有八百多家治具厂同时跟他们采购，背“门板”的日子一去不复返了！创新才有出路，技术需要转化，百感交集中的他收获了打工人生中的第一桶金。

19年打工就是一个凤凰涅槃的过程。“谁知盘中餐，粒粒皆辛苦”，这句诗已经融化成了19年的汗水，在陈洪波的身上挥洒着。

当他准备在实干的第一现场默默耕耘时，生活却又出其不意地给了他另外一个惊喜！这是个让他想都没有想到的惊喜——成为百姓宣讲团的一名宣讲员。从办企业做实业，到走上台做宣讲，从“干”到“说”，陈洪波又实现了人生的一次“飞跃”。“以前从没有想过，

▲▼ 广东省委宣传部讲师团到嘉腾公司调研

会突然被选上。”说到那个“选”字，陈洪波自己也憨憨地笑了。

命运总是能给予热爱生活的人别出心裁的光亮。2018 年 9 月 4 日，时任广东省委宣传部讲师团团长杜新山一行来到陈洪波公司参观指导。作为当天负责接待的陈洪波，像接待以往团队一样向到访者详细介绍了机器人行业的现状和未来，以及自己创业的经历、企业的文化等常规性信息，中间穿插了几个简短的创业小故事。陈洪波没有想到，就是这几个非正式的小故事让讲师团把目光投向了自己。

参观结束，即将离开工厂的团长一脚踏上了中巴车，停了一下，又若有所思地收了回去。他转身看了下陈洪波，问道："明天你有没有时间，能不能去南海，把你今天汇报介绍时讲的那几个故事，以宣讲的形式再跟我们讲讲？”面对这突如其来的邀约，陈洪波一下子恍惚了，内心有点忐忑，愣了下才反应过来，答应了。

“其实我特别没底，但既然答应了，就要把这件事情做好。”回忆起这次偶然的相遇和邀约，陈洪波坦言的确有压力。当时他对百姓宣讲团的印象还只是停留在“宣讲”两个字上。

他开始不停地翻阅资料，整理思绪，仔细回想自己打工与创业的细枝末节。那一点一滴都令他难忘，那是他一手摸索、打拼、创造出的生活印迹，是他生命里宝贵的财富。他要把这些分享给更多的人。分享不仅仅是陈述，更多的是交流，是学习，是共勉！

他在稿子上写了又涂，涂了又撕，撕了又写。当天晚上，陈洪波连夜笔耕，激动、忐忑、兴奋地准备着讲稿。情绪像一只又一只蚂蚁爬过他的心房——在陈洪波心里，省委宣传部的宣讲一直都是“高大上”的存在，既要有高度又要有深度，这让他有不小压力。先学习模仿，后独自创作，讲师团为他提供了许多之前宣讲的资料与讲稿作参考，他彻夜研读，反复琢磨，绞尽脑汁地想了很久，终于定下了一个自己觉得比较理想的题目“国人当自强，共圆中国梦——嘉腾机器人企业文化脉络及发展分享”。

当他敲完最后一个字时，客厅的时钟，正好指向了凌晨3点。他对着窗外长长地吐出了一口气。对着镜子里的自己，握紧拳头，用力挥了出去，这拳头里有坚定的力量，更有一份突破自己的决心和勇气！

良驹遇伯乐的感动

怀揣经过不眠之夜精心打磨的讲稿，陈洪波站上了宣讲台。第一次对着这么多观众，他的心怦怦直跳，他下意识地握紧了话筒，握得手心都渗出了汗。站定之后，他深深呼了口气，嘴唇嚅动了两下才开始发声。

他照着自己精心设计的讲稿开始第一次的讲演。只是，出乎他意料的是，坐在第一排的杜团长脸上竟然毫无表情，台下的其他观众也毫无反应。这可给了他不小的打击。

很显然，他的宣讲并不成功，没有真正打动在场的观众。这究竟是什么原因，问题又出在哪个环节？其实，在台下听他宣讲的杜团长早已看出问题的关键所在。陈洪波是做足了功课，可是关注点都是在用词遣句上，在套话、行话里精雕细琢，缺少了接地气、打动人心的细节与内容。其实，大家要听的是个人的亲历故事，是最真实的生活片段，实际上，陈洪波只需要做最真实、最本真的自己，讲最有生活味道、最显原本色彩的故事就是了。当他的宣讲一结束，杜团长第一时间找到了他："这不是我们想听的，昨天你讲的那些故事怎么都没有了？我们要的是故事，是故事，是能感动人、启迪人、引领人的故事……"听完这番话，陈洪波突然有些懊恼与失落。

对于选择"高大上"还是"接地气"，陈洪波也犹豫过、矛盾过。"你不知道，我当时很沮丧，一方面觉得自己理解错了讲师团的意图，一方面又质疑自己，觉得自己并不适合当宣讲员。"听了杜团长的话，陈洪波低着头，一句话都没有吭声。他其实懊悔极了，平日里习惯了为公司做产品推广的他，以为百姓宣讲也可用同样的方式。

"你要讲故事……我们会再来佛山，再听一场。"杜团长临别前说的这些话，让陈洪波暗淡的眼睛顿时明亮起来。杜团长知道，广东是制造业大省，这一领域的宣讲值得深挖，而且陈洪波是一块讲演的好材料，只不过没有引导好而已。有了一次的经验教训，他可能会明白百姓宣讲的风格与要求。

当天下午 5 点多，陈洪波收到了杜团长委托佛山市委宣传部发来的信息：“开头讲一下个人现在的情况，再回忆过去。讲三个故事，打动人心的故事。第一是艰苦创业的故事；第二是求贤若渴，到北大清华招人……”这条短信很长，有数百字。

陈洪波望着手机屏幕，心情久久不能平静。短信里的许多内容，正是昨天他在公司汇报时讲的内容。显然，这是杜团长认真听了他的汇报，并仔细研究后，给出的建议。

“那是一种良驹遇伯乐的感动，这么高层次的领导如此用心地发掘和培养一个普通百姓，我还有什么理由不努力？”这条非同寻常的短信，后来屡次被陈洪波谈起。

在杜团长的启迪下，陈洪波对于如何把握宣讲稍微清晰了一些，

▲ 点评会上，陈洪波在认真记录讲师团提出的建议

但此时的他还是不确定自己最终能不能获得观众的认可。但他相信比起经历过的艰苦的创业磨炼，这点困难不算什么，自己一定可以重振旗鼓，卷土重来。创业的往事一幕幕地又浮现在陈洪波的脑海……

早在 2005 年，一位客户曾向陈洪波提了一个需求，研制一辆自走小车，可以自动往返生产线运送治具。搬运工作既枯燥又费力，更别提车间内高温、有气味、有粉尘、有危险源等。那些从事机械、繁重的搬运工作的工人，都是兄弟姐妹啊……由于自己也曾饱受搬运之苦，深知若能研发出可以完全代替人力去完成搬运的机器将很有意义。于是，他全力以赴地投身到国产移动机器人的研制当中。

2005 到 2008 年，他一股脑儿投完了之前赚到的第一桶金，还借了不少钱。但卖出去的产品，却只是个位数。时间一天天过去，投入不断增加，却不见有收入进来。眼瞅着钱变成了铁，铁还没人要。他的爱人想不明白，为什么要将已经赚到的钱和来之不易的幸福生活耗在这根本看不到希望的行当中！从开始到那时，陈洪波投入的金额达 3000 多万元，资本被一点点耗尽，日子却越来越难熬。最困难的一年，发完员工的工资之后，他口袋里就只剩下几百块，过年连老家都回不去。

峰回路转，天无绝人之路。2010 年之后，形势开始好转。各国政府、各行各业都开始重视机器人，机器人企业如雨后春笋般涌现，产业风口悄然降临。此时的陈洪波因为之前几年的积淀，在这一领域已经站稳了脚跟。嘉腾的“大黄蜂”浴火重生斩获了德国“红点奖”，

▲ 陈洪波在德国准备参加汉诺威工博会

并且一鼓作气，成为奔驰的“座上宾”。如今，嘉腾已为各行各业研制了上百种移动机器人，并为奔驰、华为、联合利华等超过 60 家世界 500 强企业提供“中国智造”的智能装备。

这段“痛并快乐着”的创业之路，锻造了陈洪波不服输的性格。他想，曾经那么艰难的创业都不怕，还怕做不好短短十几分钟的百姓宣讲吗?

把自己的故事讲好

如何修改宣讲稿，成为陈洪波需要攻克的第一关。正当他一筹莫展时，广东省委宣传部讲师团又给他发来了“百姓宣讲故事撰写要求”，从故事素材的选择到故事特征的呈现，再到语言文字表达与字数控制，每一项都有详细的要求。

无疑，这样具有指导意义的短信，对于陈洪波至关重要。“短信从方方面面进行了要求，让我真真切切地明白了百姓宣讲活动的目的和意义，作为借助改革开放春风成长起来的民营企业人，我认为我有义务和责任，把自己的故事讲好，传播正能量。”陈洪波清楚自己当前最重要的任务，就是让自己的每一个故事的内在逻辑组合成一个有机完整的系统。“这就如同拍电影先要有剧本一样重要。”对此，他打了一个比喻。

他开始不断地梳理和调整自己的思绪。从 2018 年 9 月 9 日到

20 日，整整 12 天时间里，陈洪波推掉了所有的应酬，一下班就对文稿和 PPT 的内容反复修改。发生在他身上的故事很多，如何取舍，如何串联，如何用小切口呈现大主题，如何用小故事讲清大道理，很考验陈洪波的写作能力。这 12 天对别人来说，跟平常没有什么两样，但对陈洪波来说，这 12 天如同一次深造，一次魔鬼的训练，更是一次对自己闯荡南方经历的总结提炼和升华。

幸好，陈洪波不是一个人在战斗。“有时候我没有思路，就会给讲师团的夏泽和主任发微信求助，他总是不厌其烦地给我提建议。”在改稿的过程中，陈洪波和讲师团几乎天天都有联系，讲师团的意见，源源不断地汇聚到他那里。随后，他有了新的构思，也越来越清晰地认识到自己的方向，越来越清晰地看到自己的好故事的模样。

他的故事很有代表性。他身上的故事其实也是大多数到南方打拼的人的故事，是鲜活的，更是有生命力的。创业的时候，他一度也很迷茫。即便是通过十多年不断投入研发，在国内已经小有名气，他还是觉得事业有很大的提升空间。2015 年，他去德国汉诺威工博会参观时，没有看到一台中国机器人，他明白了自己的努力方向：一定要将中国机器人带上这个舞台。回国后他就联系主办方，但主办方并不认可中国企业的实力，不愿意分配核心展位给中国企业。他不气馁，反复说明机器脚不同于机械手，甚至用中国功夫“佛山无影脚”等来形象地解释嘉腾机器人的优势和特点，最终陈洪波的诚意打动了主办方，在世界的舞台上终于有了中国机器人的身影。

▲ 陈洪波和他的机器人在汉诺威核心馆展览厅

这更加坚定了他力争上游的决心和信心。

“关键核心技术是要不来、买不来、讨不来的，只有把关键核心技术掌握在自己手中……敢于走前人没走过的路，努力实现关键核心技术自主可控，把创新主动权、发展主动权牢牢掌握在自己手中。”陈洪波将习近平总书记说的话铭记于心，“我们就是要有创新的骨气和志气。我们始终坚信，外国人能做到的，中国人也能做到，外国人做 80 分，我们就要做 81 分，只要我们坚持做多 1 分，就一定能做出最好的产品。”这句话是陈洪波在台上最铿锵有力的呐喊，也是他这么多年自主创新的动力来源。

如今，他已经四次走进汉诺威工博会机器人核心馆，能在世界领先、规模最大的工业技术展会上展示中国的智能装备，他无比自豪。能多生产机器人是他心里最朴实、最执着的梦想，当成千上万的移动机器人从广东销往全世界，他心生豪迈——他相信，这个四十年他抓住了改革开放的机遇，下一个四十年的中国，定当有更多让世界刮目相看的新成就！

▲ 陈洪波下定决心要展露出自己最好的水准，绝不让大家失望

豁出去的心态和第一时间的鼓励

有过第一次宣讲的失败，痛定思痛的陈洪波绝不允许自己有第二次。他一遍遍地在心里告诫自己：这一次无论如何也要展露出自己最好的水准，绝不让大家失望。

2018年9月21日上午10时，天朗气清，陈洪波心里装满了阳光。在佛山科学技术学院江湾校区实验楼报告厅，陈洪波又一次站在了台上。这是他第二次站在台上，当他翻开演讲稿，亮起第一声嗓子时，报告厅外面的阳光也在闪耀着金色的光泽。这一次讲演几乎倾注了他所有的心血和精力，押上了全部的才情与胆识。他把台下的观众当成了知心朋友，将自己创业19年来的酸甜苦辣如数家珍地展现出来，像是诉说给相识已久的老朋友一样，感情真挚，娓娓道来。当然他也做好了最坏的打算，“置之死地而后生”。“候场时，我一遍遍告诉自己，这次不能搞砸了，有了豁出去的心态，宣讲起来反而轻松自在了许多。”这是出场时他的原话，也真切代表了他那时的心情。当你做好了最坏的打算时，往往收获的可能就是意外的惊喜！从观众的反应来看，陈洪波的宣讲出奇的成功，当他鞠躬答谢时，台下响起了雷鸣般的掌声。这掌声若阳光，热烈而灿烂。

走到台下，陈洪波顾不上喝一口水，他四处张望，急迫想要看到一个人。可惜他没看到杜团长的身影。“我很希望自己的努力杜团长能看到。”陈洪波掩饰不住内心的失落。他只想让杜团长知道他的努力没有白费，这一次真的做到比上次更好了。

当天下午，一条短信不期而至："洪波，我同事说，你这次讲得比上次好多了。"原来，杜团长听到同事的反馈，第一时间给他发来了赞许肯定的短信。看着屏幕上跳跃的十几个字，陈洪波转头望向窗外，笑了。他长长地舒了一口气，心里盛开了一片花海。

有了好的转机，接下来就要做得更好。讲师团夏泽和主任在会后也跟他明确了接下来的任务，就是继续打磨稿件，让稿件更出色。除了多在佛山市内宣讲磨炼，还要争取到省里宣讲，盛开的花香不仅要在墙内芬芳，还要在墙外散发更迷人的味道。

好运气总是为有准备的人停驻。为了能尽快熟悉演讲的要点，他专门买了几本演讲的书籍作参考。经过一遍遍的修改，宣讲稿件在标题、框架与情感基调上，又有了改进。修改后的标题最终确定为"坚持就是胜利——我的创业三部曲"，文章的框架是"第一桶金""二次创业""三进德国"，情感基调依次是：感动、悲壮、豪迈。

"我觉得，文稿一次次的打磨与修改，为后来宣讲效果的提升打牢了基础。"无论多么辛苦都是值得的。在一次宣讲结束后，陈洪波总结了自己的心得：宣讲稿应该早点定下基调，不轻易改动框架与基调。保持好一如既往的故事底色，然后按照基调反复打磨研究。

▶ 工作中的“大黄蜂”机器人

▼ 陈洪波和他的团队四次走进德国汉诺威工博会，“大黄蜂”和“小白豚”两个移动机器人荣获国际知名工业设计奖项“红点奖”

“你的付出是有意义的”

秋天是收获的季节，更是属于陈洪波流汗历练的季节。

金秋十月中旬，佛山市内的“宣讲磨炼”很快就来了。区、街道、企业、学校……很多单位都向陈洪波发来了邀约。这意味着接下来陈洪波有了很多宣讲训练的机会。而这些训练都是高要求、高规格的。

南方的秋天天高气爽，有一种深远的空旷。天气也渐渐凉了起来，陈洪波用一身笔直的西装取代了原来的短袖衬衫，他来回地穿梭于各个宣讲场地，马不停蹄的节奏让他丝毫感受不到凉意。他的身体里有一股热血在沸腾，那是宣讲的激情。

当讲到企业最困难的一年时，他哽咽了：“那一年，虽然我们很想家，但我们没有回老家过年，就在工厂和倾注了全部心血的机器人一起过年，默默地陪着机器人久久地静坐……唯有坚持，没有退路。”

▲ 陈洪波宣讲现场

在那些最煎熬的日子里，每一个细节都让他难忘。他独自坐在工厂里，机器人陪伴着他，他内心的孤独、无助，一望无际的失望都在那一刻涌上了心头。在别人眼里，机器人最多只是个机械地完成工作的助手，可在他心里，机器人是他的亲密伙伴，只有机器人可以读懂他的孤独，这个时候，他赋予了机器人生命的温度与思想。

再难的事熬过去了就不是难事了。在讲到通过攻坚克难，企业研发出的“大黄蜂”得到了国际认可时，他意气风发:“我们历时5年，解决了1000多个问题，写了30万行以上代码，终于浴火重生，斩获了德国‘红点奖’……我们为能为奔驰、华为、联合利华等超60家世界500强企业提供中国的智能装备深感自豪。”

▲ 讲师团和专家们在给宣讲员们开点评会

每一场宣讲，他都以饱满的情绪投入，虽然很累，但他珍惜每一次站在台上的机会。“当你看到观众们在认真听、认真想，你就知道你的付出是有用的。”陈洪波说，“之前我只是简单地认为，不能辜负领导的信任，直到后来，我认识到宣讲员是要用人民群众喜闻乐见的故事方式，通过动情的讲述，让参与者获得理论和情感的双向提升。”

让陈洪波印象很深的是，在省属企业专场宣讲结束后，一名前来听宣讲的民营企业家专门跑去找他，聊了很久。那名民营企业家说：“这样的宣讲很接地气，又打动人心，故事引起了观众的强烈共鸣。”

得到了观众的肯定，陈洪波的信心和勇气倍增。“虽然我在重复着讲故事，但由于每一次都会有不同的参与者，自己也在不断总结、调整和磨炼中提升，每次都会有不同的感悟和体会，每当讲到我眼中闪动着泪花需要调整情绪的时候，我就知道，这次的宣讲效果一定不会太差。”陈洪波颇感欣喜地说道。

这是没有终点的奋斗

多次在佛山的磨炼，终于等来了到省里做宣讲的机会。2018 年 10 月 18 日，陈洪波收到了广东省委宣传部讲师团杨晨关于赴省里宣讲的邀约短信。第二天，广东省委宣传部讲师团陈立欣又给他发来宣讲的具体要求，其中，对播放 PPT 的时间和全程脱稿等作出了规定。

看到如此详细的工作安排和要求，陈洪波感慨万千，“这是一场没有终点的奋斗和挑战，也是一次非常有意义、有价值的非凡之旅。从市到省，我经历了没有宣讲稿只有 PPT，到要宣讲稿但要简化 PPT，再到打磨宣讲稿并限制时间，这都从一个侧面反映了宣讲员要有极强的控场能力和应变能力，而这种能力必须在实践中不断总结提升”。

站在更高的平台——省直专场，陈洪波还是会不自觉地紧张。“在台上我一紧张就会望向杜团长，因为每次团长总是会冲我微笑，让我镇定下来。”

没想到，这样的细节让杜团长知道后，他笑着对陈洪波说：“我也不可能每次都坐在下面替你鼓劲加油，你要相信你自己。”没错，相信自己，俄国哲学家别林斯基说过这么一句话：“相信自己，命运就会露出微笑。”

尽管已经上了无数次台，但也有意外发生。在省直专场的第二次宣讲中，陈洪波尝试使用头麦，本以为这样会比较洒脱自如，结果他在台上却感到手脚好像多余的一样，无处安放。“那次差点现场就断片了。事实证明，宣讲过程中强迫自己去做根本性的改变是行不通的。对他人提出的修改意见或新的表现方式，宣讲员还是要认真评估自己的可接受和可驾驭的程度，然后再去尝试做出适度的调整，要在稳中求进。”陈洪波在后来总结到。

就在陈洪波额头冒汗、心情复杂地走下台时，在后台做支持工作的广东省委宣传部讲师团工作人员安慰他：“总体不错就可以了，你要记住瑕不掩瑜。”是啊，有时精益求精，但瑕疵依然是存在的，然而这完美背后的瑕疵，或许更能够折射出一种生命追寻的深远意义。

只要我们用了心，尽了责，认真去好好做了，即使留下了一点不足也无妨。“你要记住瑕不掩瑜。”这句话成为日后陈洪波自我减压的锦囊，也成为他自我治愈、重振信心的精神好疗法。

这次宣讲与以往不同的是，讲师团还召开了点评会，总结活动的问题与不足。“我们之所以逐一点评，只谈问题与不足，就是想通过查找问题，使宣讲员更好地调整好状态，也使宣讲活动效果呈现得更好。”杜团长讲到。

点评会务实犀利，讲师团对每一位宣讲员一一进行了点评。“你是创新幽默型，可以用幽默掩盖普通话不好，要有眼神的交流，目光交流贯穿始终……”这是讲师团点评陈洪波的原话。陈洪波连连点头，表示虚心接受。

连续三场的宣讲结束后，杜团长又给大家开了个总结会，并提出两点要求：一是按点评老师提出的问题再优化、再改进；二是 PPT 都要配上适宜的背景音乐。

尽管各项工作已经准备就绪，但力求做到完美的陈洪波却陷入了深深的沉思。他在思索怎样才能找到更合适的 PPT 背景音乐。千万不要小看了这个看似微小的环节。一段好的音乐，可以引领文字，渲染文字，推动文字，还可以打开文字无限想象的空间，背景音乐的重要性毋庸置疑。正当他为此事苦恼发愁的时候，广东省委宣传部讲师团于双燕帮他找到了钢琴曲《夜空的寂静》，并截取了精华部分发给他。“我拿来一听，当时就被吸引住了，真好听啊。真的特别合适，特别好听。”陈洪波眼里突然有了明亮的光，那是一份不修饰、不掩饰、不畏惧的自得，陈洪波觉得自己是幸运的，这一路，总是有人在他无助的时候帮他化解问题。

▲ 讲师团工作人员于双燕在聆听宣讲

为了能更好地呈现宣讲员的风采，陈洪波那被笑称有点像“汉奸头”的三七分发型也被要求尽快去“处理”。当晚，他按照大家提出的建议，忍痛割爱，改变了保持多年的发型。“我太太笑我为了宣讲算得上是彻底地改头换面了。我觉得值得啊，我一个普普通通的百姓，能成长为一名宣讲员，真的很骄傲很自豪。”陈洪波笑着说。

照亮自己也照亮别人

镜头定格到这一刻：2019 年 1 月 9 日上午 9 时，一个看似与往常一样的日子，但对于陈洪波来说，这一天是非同寻常的，是值得珍藏和铭记的。一场由广东省委宣传部主办的“学讲话、讲故事、强自信”百姓宣讲会在珠岛宾馆举行。会前，广东省委书记李希会见百姓宣讲员代表。作为 6 名宣讲员之一，陈洪波有幸受到李希书记的接见。“和李希书记握手时，我向他汇报说，感谢省委宣传部的培养，让坚持本分做实业、做机器人的我，有机会享受到以宣讲参与精神文明建设的乐趣，让我的人生更加充实和自信。”谈到这些，陈洪波的声调不禁提高了几分。

俗话说，台上一分钟，台下十年功。我们平常看到一个人的宣讲，他的精彩绝伦，他的高潮跌宕，他的幽默风趣……在这背后其实凝聚了太多人的心血。有领导，有同事，有朋友，有亲人……他最亲的家人，也成为他最有力的支持者。陈洪波的妻子和儿子，连续几个月当听众扮评委，以至于他的演讲稿，他们都能熟背出来。而他还不到两岁的小女儿，也许是被抑扬顿挫模拟宣讲的爸爸所感

▲ 陈洪波和他的儿子

动，在家只要一听到爸爸宣讲，就开心地鼓起掌来。

时间是一个神奇的魔法师，以前生活在幕后与机器人为伍的他，现在却走到了生活舞台的前沿。“如果没有大家一直以来的鼓励和支持，我估计还在公司里埋头苦耕我的一亩三分田，根本不可能从一个没上过台、毫无宣讲经验的普通百姓，锻炼成为敢于在台上分享自己故事的宣讲员。”谈及家人和讲师团对自己的帮助，陈洪波语气里充盈着满满的幸福与感恩。

如今，陈洪波依然在繁忙的工作之余，腾出宝贵的时间奔波在去往佛山各社区、街道宣讲的路上。对于已经在宣讲的路上迈开大步的陈洪波来说，“读万卷书，行万里路”是他永不停歇的追求。

“学习没有终点，宣讲也没有终点，我从群众中来，到群众中去，希望能够带动大家一起，打通理论与情感宣讲的‘最后一公里’，真正把百姓宣讲落实好，贯彻好。”陈洪波要做一面百姓宣讲的镜子，照耀自己的同时，也照亮别人。这照耀，是梦想，也是丰碑。

宣讲稿

回到宣讲现场

陈洪波：坚持就是胜利

——我的创业三部曲

大家好，很高兴有机会跟大家分享我的创业故事，如果我会音乐，我一定为她谱上曲，唱给您听，可惜我不会，只能用湖南口音的普通话，讲给您听。

▲ 最后一场宣讲，座无虚席，陈洪波越发镇定自信

感动：第一桶金

2000年，我挤上了南下的绿皮火车，这种火车速度慢、时间长，还特别挤，比不上现在的高铁，最挤的时候座位底下、行李架上都是人。下火车，换汽车，周转了大半天来到了顺德，恍惚中吃惊地看见路牌上写着“伦敦”两个字，寻思着打个工还打到伦敦来了？认真一看，才发现是“伦教”。我到这儿是投奔我哥哥的一位高中同学，他教我学，一起创业至今。

最开始做贸易，三五个人，后来做治具，二三十个人。治具是台资厂的叫法，类似于模具。我去工商局注册时，政府办事员说，不知道治具是什么，这本厚厚的指导书上从来就没有这个东西，不能注册。看着被递出窗口的文件，我当时就懵了，但还是鼓起勇气，怯怯地问了一句：“那是不是书上没有的，我们中国就都不做了？”他想了一会儿，竟然收回了文件，同意给我注册了。这位不知名的政府办事员，他敢为人先给了我方便，他用实际行动告诉我，改革开放的前沿就是不一样，政府开明务实，真心服务企业。

当时，我们做治具需要用到一种合成石材料，完全依赖进口，像门板一样大，到中国不裁小卖，还只收港币，那是我第一次见到港币……记得那些日子，曾经多少次，我在虎门大桥守着一张“门板”等朋友的顺风车，连厕所都不敢去上，一张“门板”几万元，几乎是我们全部的家当。曾经多少次，我在广州海珠桥附近等公交车，只看了一眼我身旁超长的“门板”，公交车就一辆辆绝尘而去，最后停下来的那一辆，总能让我热泪盈眶……百姓有爱，这默默的一停，就是对艰难打拼中的草根一族，最大的鼓励和支持。

后来，我们找高校合作，反复试验，终于将合成石研发制造出来了，填补了当时亚洲的空白。感叹创新才有出路，感叹技术需要转化，百感交集中，我们收获了第一桶金。

悲壮：二次创业

独有国产合成石的日子过得相对宽裕轻松，但爱上了创新的我们，没等多久就迎来了二次创业的重大考验。

2005 年，一位客户向我们提了一个需求，能不能研制一辆自走小车，自动往返生产线搬运治具。搬运工作既枯燥又费力，由于自己也曾饱受搬运之苦，我深知这个能代替人双手双脚去完成搬运的需求太有意义了！于是，我们又全力以赴地投身到了国产移动机器人的研制当中。

早期的产品非常简陋，只有两个按钮，像个行走的手提铁皮“箱子”，按左边按钮往左走，按右边按钮往右走，行走时像喝高了一样，一摇一摆怎么也走不直，有时还会耍耍小性子，领导不来没事，领导一来参观就罢工……从“零”到“一”真不容易，2005 到 2008

年，我们惨烈地投完了之前赚到的第一桶金，还借了不少钱，但卖出去的产品，却只是个位数，一年只卖出去一两台……眼瞅着钱变成了铁，铁还没人要，连我老婆都想不通了，为什么要将已经赚到的钱和来之不易的幸福生活耗在这根本看不到希望的行当中？3000多万了！最困难的一年，我们四个股东发完员工工资之后，口袋里就只剩下几百块。那一年，虽然我们很想家，但我们没有回家过年，就在工厂和倾注了全部心血的机器人一起过年，默默地陪着机器人久久地静坐。回想着铁变成机器人的点点滴滴，我们有一种“置之死地而后生”的悲壮。我们告诉机器人，更告诉自己，中国需要更智能的装备，人民需要更美好的生活，而这只能由我们自己去创造，等不来也靠不来，唯有坚持，没有退路。

2010年往后，形势开始好转，各国政府、各行各业都开始重视机器人，机器人企业如雨后春笋般涌现。而我们，已经站稳了脚跟，以“大黄蜂”为例，我们历时5年，解决了1000多个问题，写了30万行以上代码，终于浴火重生，斩获了德国“红点奖”，并一鼓作气，成了奔驰的“座上宾”。北京奔驰现有300多台我们的机器人，我们自豪我们能为奔驰、华为、联合利华等超过60家世界500强企业提供中国的智能装备。

豪迈：三进德国

机器人行业技术集中且交叉发展，人才是第一资源。记得 7 年前，我们邀请一位技术人才加盟，他提出要在广州办公，最好是地铁口附近，我们就在广州地铁口旁租了办公室给他。合作不拘形式，人才能为企业所用就好。

为了帮助企业吸引人才，顺德政府也是下足了功夫，将顺德美食和音乐会都搬进了北大清华。我们也是受益者，招到了清华大学的一名算法高手，他是南海的高考状元。我们招他的时候，他也很迷茫，他说，我只会做数学题，能为移动机器人做什么呀？我们告诉他，你到公司来，还是做数学题。后来，他的算法在不改变任何硬件配置的前提下，让移动机器人的行走速度提升了一倍。

通过十多年的招贤纳士与不断投入研发，我们在国内已小有名气。但 2015 年，我们去德国汉诺威工博会参观时，却没有看到一台中国机器人。我们暗下决心，一定要将中国机器人带上这个舞台。我一回国就联系主办方，但主办方并不认同中国企业的实力，我们反复说明机器脚不同于机械手，在全球还没有老大，中国功夫，佛山无影脚，非常厉害，能说的都说了……最终我们获得了主办方的认可与支持，四次走进了汉诺威工博会机器人核心馆。这坚定了我们力争上游的决心和信心，正如习近平总书记 2018 年 10 月在广东所言，我们要有创新的骨气和志气，我们始终坚信，外国人能做到的，中国人也能做到，外国人做 80 分，我们就要做 81 分，只要我们坚持做多一分，就一定能做出最好的产品。

多产机器人是我们最朴实的家国情怀，成千上万的移动机器人从广东销往全世界让我们心生豪迈。无数优秀的中华儿女，将“以人民为中心、为人民谋幸福”的改革开放进行到底，正在用自己的爱与坚持，努力践行着：下一个四十年的中国，定当有让世界刮目相看的新成就！

相关链接

【来源】南方网

顺德智造四度闯进德国汉诺威

德国时间2019年3月31日晚，以“融合的工业——工业智能”为主题的2019年汉诺威工业博览会正式拉开帷幕。来自佛山顺德的广东嘉腾机器人自动化有限公司再次参展，并面向全球发布由嘉腾公司自主研发的机器人心跳系统（Heartbeat System）。这是多机器人管理系统发展过程中一个里程碑事件，嘉腾首次在仓储机器人身上植入“心脏”模块，大幅度提升了智能仓储系统的稳定性。

德国汉诺威工博会是全球工业技术展示的顶尖舞台，而嘉腾机器人已经是第四次“登陆”该博览会的核心展区，并且每年都能拿出最新的技术和产品，引起海内外关注，充分展现了中国机器人的实力。

一场母子谈话触发机器人“造心”计划

“心跳系统的发明，起初纯粹是为了发明而发明。”嘉腾机器人联合创始人、营销副总裁陈洪波笑言，嘉腾心跳系统的发明源于一次春节回家与母亲的对话：

陈母：“你的机器人有没有心脏？”

陈洪波：“这没有，没什么用，没有装心脏。”

陈母：“那不能没有心脏，中医都是通过把脉来了解人有没有病的，老人家每天量血压测脉搏，就知道自己好不好，没有心脏还能叫机器人？”

母亲的话给了儿子事业发展的启发，陈洪波沉思片刻之后，当即回应：“好，我们搞一个心脏出来给机器人装上去。”回到公司后，陈洪波与研发部门商量，要给机器人发明一个“心脏”。经过综合分析，研发团队将机器人“心脏”定位为保证系统稳定性的重要工具，并将120次/分设定为机器人心跳的正常值。

嘉腾机器人联合创始人、研发副总裁符致云介绍，如果发现了主机器人心跳异常，系统就会把指令发给其他心跳正常的AGV机器人，让其他AGV机器人先执行任务，直到系统再次捕捉到其心跳时，才会将新的任务指令发送给它，只有收不到所有AGV机器人的心跳时，才会考虑维修网络。这一改变，大大减少了系统对网络的依赖，大幅度提升了物流系统的运行效率和稳定性。

“未来，我们将建立数学模型，机器人心跳的次数将由机器人的状态决定。例如，机器人的某个传感器坏了，心跳频率将自动降为119次/分；电池电量不够，心跳频率将降为100次/分。我们可以通过心跳的次数和强弱来远程判断机器人的身体状况。”符致云说。

在嘉腾公司董事长陈友看来，这预示着嘉腾机器人系统的稳定性已遥遥领先同行业，为物流机器人的进一步发展，指明了一个新的方向。“未来有望在火星车或者月球车上植入心脏，心跳系统可用来监测星球车的状态，从而进行自动检测和唤醒。”

四度登陆汉诺威展示中国智造最新成果

嘉腾机器人多次登陆被誉为“全球工业晴雨表”的世界顶级工业展——德国汉诺威工业博览会，全球首发创新产品，充分展示了中国智造的实力。

自2016年以来，佛山市顺德区就组织企业抱团参展，今年顺德共有三家企业代表出征汉诺威工博会，分别为嘉腾机器人、科达洁能和胜业电气。其中，嘉腾机器人和科达洁能已是第四次亮相汉诺威工业博览会了。

2016年，嘉腾的“大黄蜂”和“小白豚”双双斩获了有着“工业设计奥斯卡”美誉的德国“红点奖”，引起国际瞩目。而嘉腾也凭借这两个王牌产品，成功登上国际工业技术展示的最高舞台——德国汉诺威工业博览会，与国际机器人巨头同台竞技。

如今，嘉腾不仅成为国内外众多工业博览会的常客，而且在2018年的汉诺威工博会上，嘉腾与德国机器人巨头、库卡原股东德国格林策巴赫达成战略合作，双方将携手开拓全球市场。

除了全球首发“心跳系统”外，今年，嘉腾公司还携新品激光叉车 AGV、力扛千斤的“小蚂蚁”及一款工业用智能软件亮相汉诺威工业博览会。

而同行的科达洁能此次携智能化、定制化的汽车铝轮毂锻压生产线参展。胜业电气则将展出低压电能质量综合治理产品。

“为何我们每次都能带来新技术、新产品？因为我们专注。当大部分机器人企业都在关注机械手的时候，我们一直坚定不移地研发机械脚的技术。”对于嘉腾机器人的快速成长，陈洪波如是总结。

宣讲员：匡　徐

我相信，

每位学子都应该有机会去奋斗出一个

属于自己的精彩人生。

感谢国家，

为所有的学子最大程度地保留着

这个机会和这份尊严。

第三篇

真心讲述自我重塑的苦与乐

编者按语

“百姓宣讲”走进大学校园，不仅在高校教师、教职人员中选取具有代表性的人物讲述他们的学习、工作经历，更将目光投向了大学生这一群体。大学生作为推动社会进步的栋梁之材，有着较高的文化水平与个人素质，是国家和民族的未来与希望，发动他们之中的优秀学生代表参加宣讲，讲述发生在他们身上的故事，这样既能让身边的同学产生更加亲切的代入感，也能让他们在具体的宣讲活动中了解国家的方针、政策，在理论与实践的结合中深化认识，提升自身的综合素质。除此之外，通过组织优秀大学生宣讲员深入基层进行宣讲，也能让大学生产生一种社会责任感与担当，加强他们与群众之间的联系，从而提高他们日后建设祖国的能力。

华南农业大学在校大学生匡徐宣讲的《感恩祖国 此生相报》，以自己在历经家庭变故中成长的真实故事，将其在面对困难时的坚持、对家人的责任、对国家的感恩与对未来的期许，用振聋发聩的语言讲述出来，深深感染着台下的观众。他通过宣讲将其对国家对政府的感恩之情传达扩散出去，影响了更多的人。作为广东省“学讲话、讲故事、强自信”百姓宣讲团六名成员中唯一一位在校大学生，匡徐能够进入组织者的视野，既是偶然也是必然，对他本人来讲，既是幸运也是一次历练。匡徐在逆境中一直保持一种向上的、坚强的奋斗之姿，以不屈不挠的斗志面对生活的打击与考验，面对命运的多舛和生活的拮据，毅然承担起压力与重担。在学校与社会的帮助之下，他不仅得以继续其学业，还一直以遥遥领先的成绩支撑自己不断前进的勇气与坚信明天会更好的信心。他的故事，体现了一个人的成长离不开社会的关爱，体现了集体与个人在风雨共济中挽起手向前的精神。匡徐这种不同于同龄人的生活经历与个人奋斗历程，使他与“百姓宣讲”不期而遇。

匡徐的宣讲经历有些曲折，一直潜心于钻研学业，使刚进入百姓宣讲团的他，有些不知所措。内心充满了无数情感要爆发与宣泄，可一开始找不到宣泄内心的突破口。把内心的痛苦展示给别人，需要很大的勇气。所幸经过生活磨炼的匡徐并没有知难而退，而是在组织人员的帮助下迎难而上，每一次点评、每一个建议，他都视若珍宝，反复品味。在对宣讲稿内容进行一遍遍细心地调整、修改、完善后，相比原来的忐忑紧张、不安失措，这时的他已经信心满满，无比笃定。这种镇定与坚毅，又一次让他经受住人生的考验。临近宣讲会，封闭式和高频率的宣讲培训与试讲，对他来说本身就是一个挑战与考验，再加上母亲身体状况不佳，他承受了巨大的压力，但匡徐做到了！所有这些压力已化为动力与能量，更赋予了他的宣讲以真实的情感为基底。

从某种意义上讲，匡徐与宣讲团其他成员相比，有其特殊性。其他成员都是在自己的行业、领域有所建树、有所坚持的典型代表，而即将跨出大学校门、迈入社会的匡徐与他们相比，像一张白纸，这也是匡徐在接到广东省委宣传部讲师团的邀请电话时，感到出乎意料的原因所在。但讲师团看中的，是匡徐在困难面前仍能傲霜挺立的精神，一种永不言弃的倔强。这次宣讲，对于匡徐来说是一种成长，是他迈入社会的前哨，给了他更好地迎接未来、拥抱明天的勇气与力量。

台下，掌声雷鸣般涌向一名风华正茂的大学生，台上的人心中无限感慨，他优雅地鞠了一躬以示感谢，然后从容转身。匡徐，这位站在“学讲话、讲故事、强自信”百姓宣讲会台上的翩翩少年心中明白，宣讲会是打破旧我的开始，接下来等待他的，将是人生更丰饶的绽放。

没有人知道，就在宣讲会的前夕，匡徐接到了父亲的电话，母亲又发病了，现在已经被送到了精神病院。他已经记不清这是从小到大第几次收到这样的噩耗了，虽然有一定的心理准备，但还是难掩绝望与无助的心情，如果是在以前，他会选择用泪水去麻痹自己，沉浸在自我的悲伤当中。但参加宣讲会的这一个月，他得到老师们循循善诱般的引导，受到了宣传部讲师团工作人员充满耐心的开导，这些人给予了他一次又一次的希望，将他带至一种新的可能性面前，使他更加强大、自信，他知道多努力一点，离幸福就会更近一步。终有一天，他会尽最大努力最大程度地减轻母亲的病痛，让父亲能安闲下来，享天伦之乐。

▲ 2019 年 1 月 9 日，最后一场宣讲中，匡徐愈发镇定自信

感恩祖国　此生相报

“学讲话、讲故事、强自信”百姓宣讲会如火如荼地进行着。六名百姓宣讲员在宣讲会上用质朴的语言、生动的事例，讲述在改革开放历程中各自亲历的动人故事，传递拼搏奋斗的社会正能量。匡徐是这六名百姓宣讲员中唯一一名高校在读学生，其坎坷的人生经历，给台下的观众留下深刻的印象。他以《感恩祖国　此生相报》为题，用真实而真诚的语言，刻画了一名学子不向命运低头、努力奋斗的人物形象，情节生动，感人肺腑，令台下的观众为之动容。

从匡徐的宣讲中，人们听到了一个励志青年勇于与命运抗争到底的感人故事：匡徐出生在江西省九江市的一个贫困县，父母都是农民，从小家里就一贫如洗，全靠父亲卖苦力支撑。

高二那年暑假，母亲患上了精神分裂症，对于这个原本就贫困的家庭来说更是雪上加霜。高三时，母亲的病愈发严重，由普通的精神分裂症发展成有暴力倾向的精神分裂症，全家一下子坠入无尽的“黑夜”。在民警的帮助下，他只能将母亲送往县城的精神病院，父亲迫于全家生计到外地打工，照顾母亲的重任只能落在他和妹妹的臂膀之上。花季的年龄，本应享受美好的青春岁月，在父母的百般呵护下成长，但是匡徐不得不挑起家庭的重担。这对于一个未成年的孩子来说，内心所承受的压力无疑是非常大的。

那一年，为了救治母亲，父亲拿出准备给匡徐上大学交学费的钱，

▲ 儿时幸福的一家（前排左一为匡徐）

将母亲送往条件更好的医院医治。匡徐顶着极大的心理负担备考，紧紧抓住“知识改变命运”这一信念，考上华南农业大学。考上大学后，他暗暗下定决心，今后的一切，都要靠自己。入学前，他申请了8000元的生源地助学贷款，一半交了学费，另一半留作生活费。为了赚取更多的生活费，他拼命地找兼职。周末，当同宿舍的同学可能还未起床时，他已经在去做兼职的路上了。他还想方设法“节流”，食堂最便宜的4元钱午饭，他嫌贵，就自己买面条来煮，还曾一度把每顿饭的开支压缩到两三元。

幸好在最难熬的阶段，学校提供的助学金帮他渡过了难关，生活不那么拮据之后，他开始全身心地投入学习。深知上学机会来之不易的他，十分珍惜学习的时光，刻苦努力，大一结束时他的绩点排名为全专业第一，综合测评年级第一。

▲ 期盼进步的匡徐

然而，天有不测风云，在他以为苦尽甘来时，母亲的病再度发作。每天工作十二个小时的父亲无暇照顾母亲，只能再将她送入医院。万念俱灰之际，又是学校将他从绝望的深渊中拉出来，依照国家奖助学政策，给他评了国家助学金、“正典学长助学金”和一等奖学金，总计一万多元。

他将必要的学杂费留够后，其余钱尽数寄给父亲，供母亲治病。在奖学金的激励和助学金的鼓励下，匡徐更严格要求自己。靠着刻苦学习，他连续三年保持综合测评年级第一，并获得了自己一直渴望的国家奖学金。大学四年，匡徐共获得各类奖助学金四万三千元，没向家里要过一分钱，还将多余的钱寄回家中。在宣讲的最后，匡徐总是攥着拳头掷地有声地说：“你要相信，命运给你一个比别人低的起点，是想让你用奋斗去改写你的一生。”

匡徐的宣讲是成功的，也是感人的，参加宣讲会的一个月，他的心理承受能力和抗压能力都得到了提升，变得更加阳光、更加自信、更加强大，他知道一个人越努力，就会越幸运。

改变，从一个电话开始

2018 年的最后一个月，课间偶然接到的一个电话，意外地改变了匡徐此后校园的生活，也为他即将结束的大学生涯画上了浓墨重彩的一笔。

电话是广东省委宣传部讲师团的夏泽和主任打来的。电话里夏泽和的声音浑厚有力，大意是通知匡徐参加广东省委宣传部、教育工委组织的一个宣讲活动，要求每位宣讲员必须将自己认为最真实的故事写成稿件发给宣传部讲师团。

为什么会有这么一个电话？匡徐不由得联想到几天前学校内部组织的那场关于宣讲会的“加急海选”。

2018年12月12日，学院下达了一份通告，大意是由学院从获过国家奖助学金的学生中，选出作为国家政策助学成才宣传大使的人选，参加省委宣传部组织的百姓宣讲团，随团到全省各地进行宣讲。通知下达当天，就有二十多名学生报名并赶到学生助学管理中心面试。连续三年保持年级第一，并获得国家各类奖助学金的匡徐也在其中。经过学校学生助学管理中心老师们初步筛选之后，当场挑选出五人上报到教育厅，匡徐幸运地成为这五人之一。

从现在这通电话来看，学校的筛选结果显然是汇集到了宣传部讲师团夏泽和主任那里。接到夏泽和的电话，匡徐喜忧参半：一方面，他为有这样一次难得的机会锻炼自己而感到欣喜；另一方面，他知道，从海选结束到目前为止，也才两三天的时间，省委宣传部就已经敲定了正式的人选，任务之急、之紧、之重，可想而知。

意外打击，令匡徐手足无措

夏泽和的电话让匡徐原本平静的心开始躁动起来。当天晚上，舍友像往常一样聊天，而他却郑重地端坐在电脑前思考、写着文稿，在敲打键盘的声音中，5 个小时转瞬即逝，当写下落款时，钟表显示已经 11 点了，他又仔细检查了几遍文稿，直到确定没有问题之后才肯睡去。第二天一觉醒来，他就把写好的稿子发给了夏泽和，然后才收拾好东西赶往实验室做实验。

可是当天下午夏泽和的一个电话，把正在做实验的匡徐打击得几乎体无完肤。

电话里夏泽和的声音还是那样浑厚清晰，不过和昨天相比，匡徐从他的语气中明显地察觉到了一份失望与说不出的尖锐，接下来夏泽和的话也印证了他的这种感觉。

“匡徐同学，你的文章我看过了，我觉得你的故事里还欠缺一份最为重要的感受——真实。你应该也知道宣讲会的要求，我们需要的是绝对真实的故事，但从你目前的稿子中，我看到的只是一个呆板、套路化的路人故事，这显然与我们的初衷不符，除此之外，你的这篇文章还有很多问题，就好比这一段……”

夏泽和的话说得越清晰，匡徐的内心就越迷茫，他只感觉像是有什么东西堵在胸口，憋闷得难受，又像是被人闷头打了一棍，一时不知如何回答。

▲ 匡徐宣讲现场

▲ 讲师团工作人员夏泽和

人生诸多的不如意，已让他学会在沉默中深思。

逃避，掩盖不了内心的痛

在别人眼中，匡徐现在的一切都是那么光鲜亮眼：从大一开始就担任班长、连续三年综合测评年级第一的保持者、连续三年校级乃至国家级奖学金的获得者……在很多人看来，他是命运的宠儿，是别人眼中的学霸。

但在这些荣誉的背后，鲜为人知的事实是：他有一个患严重精神疾病的母亲；父亲没日没夜地上班仍然难敌生活的接连打击；自己和妹妹一直承受着同龄人难以想象的各种来自身体和精神方面的压力；自己上大学后就开始四处疯狂地寻找兼职以赚取生活费……这些才是匡徐最为真实的故事，也是他成长经历中最深最痛的划痕，它们曾一度让匡徐感到自卑。可是，这些，他都不愿意向别人诉说。每个人都想向别人展示自己最好的一面，谁愿意把伤疤揭给别人看？一直以来，他在外人面前始终保持着那份坚强，他不愿意让生活的这些伤痕给自己带来更多的痛。

读大学后，离家远了，家庭对他的影响也变得越来越小。匡徐的大学生活逐渐变得丰富多彩起来，这一度让匡徐认为自己的未来不再是抬头只能看到四角屋檐了，他努力掩盖内心深处的自卑，隐藏家里母亲得重病的残酷现实和灰暗的过往，并试图把它们掩埋在内心的最深处。在学校里，他极力表现出从容与自信的姿态，迎接新的开始，迎接自己理想中的生活。这时，这个突然而来的任务，犹如当头一棒，把他从美梦中敲醒，也把过往的伤痛重新揭开，展示在所有人的面前。这让匡徐再次感到无比的痛苦、崩溃，甚至濒临绝望。

大学四年，他已经习惯了忽略过往的生活，但夏泽和说要讲真实故事，这让匡徐觉得手足无措。他承认，自己的内心充满了恐惧，他害怕别人知道家里的真实情况，害怕嘲笑与疏远会接踵而至，害怕别人的不理解和异样的眼光，甚至害怕自己无法面对即将要面对的一切，他已经习惯性地将自己内心的伤痛隐藏起来。

他不敢轻易用真实去考验人性。读书时一旦有人聊到家里的情况，他都会试图转移话题，顾左右而言他。每次申请“两免一补”、助学金等，他都不敢当众举手，等到了下课，才偷偷地找老师拿表格，填好后又私下找机会交给老师，生怕被人看见或知道他家庭的真实情况后，会对他指手画脚，也怕别人投下同情的眼光。他的思想负担很重，每天背着这重重的壳，活在纠结与不安当中，无法坦然地面对自己。

“不过，从行文思路来看，你似乎有很多想讲但没有讲出来的话，我希望你能毫无顾虑地把它们都写下来，让整个故事都鲜活起来。我相信你一定可以的。” 就在匡徐感到不堪、不知所措的时候，夏泽和在电话里继续总结道，末了又意味深长地说了一句，“朝前看那叫生活，回头看那叫故事，宣讲会是用我们自己的过去感染别人，都是已经发生的事，没必要遮遮掩掩，不畏将来、不念过往，才能不乱于心、不困于情，才能更好地迎接未来的生活！”

自己是顶天立地的男子汉，靠智慧与双手拼搏赢得了今天。有什么过往怕别人知道呢？况且家庭困难并不是什么不光彩的事情。

听完夏泽和的一席话，匡徐如醍醐灌顶一般清醒了，是啊，生活不正是一个不断挥别过往、拥抱未来、重塑自我的过程吗？自怨自艾从来都无济于事，真正的男子汉应该有勇气开创未来。或许这样一个宣讲会正是自己所需要的！他忽然有一种在大众面前，将自己的内心讲述出来的勇气，将不愿为人所知的那些真实状况，那些生活的肆意打击如实表述，直面它们，战胜它们。

接受过往，迎接更好的自己

想到这些，匡徐感觉好受了许多，放下心中的纠结与顾虑，整个人也轻松了许多。想到就动手去做！这是他多年来养成的习惯。在下定决心的那一刻，匡徐知道自己要迎接的是新的挑战。

这个别人眼中的学霸、从不迟到早退的他，趴在电脑前敲出他真实的人生。回想起这些年的点点滴滴，那些重负、压力、辛酸、委屈……是那般的酸楚，苦涩的泪水顺着脸颊滑过略微上扬、不屈的嘴角，滴落在键盘上。再看看昨晚自己写的那篇稿子，真如夏泽和所说，充满了套路与娇饰，连他自己都觉得不真实，更何况是别人呢？

平复了一下心情，往事如影片般不停地在匡徐脑海中回放，画面大多是黑白的，充满了痛苦与自卑，偶尔闪过一丝彩色，也都转瞬即逝。此时宿舍只有他一人，匡徐敲打着键盘，独处让他有一种安全感，或许只有这个时候他才敢回望曾经的自己，才有勇气回顾过去的种种，才敢尽情地倾吐自己的真情实感!

在回忆的伤痛与想要挣脱过往束缚的决心中，匡徐忘了自我，忘了时间，忘了饥饿，情感随指尖奔涌喷薄，他的表达也变得酣畅无碍，他那隐藏在内心深处的自卑与软弱、刚强与奋勇都表露无遗。敲下最后一个字符时，匡徐甚至为自己的这种坦诚感到惊讶。为了不辜负宣传部讲师团的期望，他再三检查，连一个标点符号都不容出错。因怕打扰夏泽和休息，匡徐设置为第二天早上 9 点定时发送，点击“发送”按键后，他才如同解脱般倚靠在椅背上，怀着复杂的心情焦急地等待回音。眼睛无意间落到了电脑的右下角，正好又是 11 点，和昨晚定稿的时间一样，只是这次，他怀着惴惴不安的心情，希望得到讲师团的肯定。

相同的时间，却是两种截然不同的心境。这次的他，多了一份忐忑与期待。和匡徐一样，夏泽和也是一位“行动派”，收到稿件的当天，便给匡徐回了电话。看到来电时，匡徐深吸一口气，在忐忑与紧张的心情中，听到了电话那头两三句的肯定，便是对他最大的鼓励。从小到大就非常在意别人对自己看法的匡徐，敏锐地察觉到夏泽和柔和的话语声中的那份理解与怜悯，但绝不是对他的同情，而是一种基于理解的肯定与赞许，还带来一个令他意想不到的消息：“匡徐同学，我们想邀请你这个周末到广州图书馆先试着演讲一次，这也是我们宣讲会的最后一次选拔，最终结果会在这次演讲后公布。”一时间，匡徐被这个消息惊得有点发蒙了，只能机械、语无伦次地应着 “好的”“谢谢老师”“我会准时参与”之类的话，夏泽和对他说了几句鼓励的话后，便挂断了电话。电话这头的匡徐看似平静，但用力握紧手机的双手却出卖了他此时真实的情感。

半天匡徐才回过神来，深吸了口气，坚定地站起身，内心在无声地呐喊着，似乎在与过去进行着一场暗地的交战。

与自己和解，重获新生

既然迈出了第一步，就要更加坚定地走下去，既然选择了要与隐藏在内心深处的那份自卑来一次正式的了断，就要勇敢起来。这是匡徐最直接的感受，也是内心被忽略已久的渴望。但与此同时，匡徐的内心充满了忐忑与不安，有着多次登台演讲、发言致辞经验的他知道，这绝不是害怕登台的那种紧张，而是要在别人面前袒露真实自我，一改大家对自己的固有印象，他既害怕又期待。

临近周末的时候，这份焦虑更是因一份邀请函的到来而加剧，使匡徐如临大敌。广东省委宣传部发下来的邀请函中，写着学校将会有 100 名同学来做观众。12 月下旬，临近放假，大多数同学都在通宵达旦地准备着期末考试，想要找到 100 名同学去听宣讲会简直不可能，但事实摆在眼前。从宣传部讲师团的第一次联系到现在的正式通知，中间只用了两三天的时间，学校就已经找齐了人，并按照不同学院进行了排序。

想要打破这些熟人对自己的惯性认识并让他们接受，这真的有可能吗？但匡徐从未想过放弃，夏泽和的每一句话都刻在了匡徐的脑海中，怎么也挥之不去，尤其是那天带着鼓励的肯定与邀请，久久地回荡在他脑海中。他内心一直有一个笃定的声音：既然已经决定不再隐藏，就应该来一次彻底的挥别，在别人面前展露真实的自己又有什么关系呢？重点是自己要表达，要改变，要“重生”，要用自己的言行去影响更多像自己一样的人，让无助者感受到力量，给绝望者以希望，这才是他这次演讲的意义！

有了信念，他也就有了认真对待、一往无前的决心与勇气。他将稿件一遍又一遍地演练，从文学性到节奏感再到情感性，每一个点，他都反复推敲与修正，直到自己满意为止。

周末很快到来了，早上 9 点，宣讲会在广州图书馆准时开始。从进场到宣讲会开始，匡徐由紧张，到后来的沉静放松。离自己宣讲的时间越来越近了，匡徐的心态也越发地平稳起来。当他走上宣讲台的时候，环视着台下或熟悉或陌生的面孔，深吸一口气，便把自己完全投入到了宣讲中。记忆、情感随着演讲越发清晰与真诚，曾经的自己闪现在眼前，他笑着与过去的自己告别。当说完最后的致谢时，观众席响起了雷鸣般的掌声，那是对他莫大的鼓励与肯定。

匡徐站在台上，静静地享受着这场告别，与自己的过往和解，以全新的自我迎接新的生活。是的，正如诗人汪国真所说："你若有一个不屈的灵魂，脚下就会有一片坚实的土地。"

原来，与过往和解，正视、直面内心深处的自我并没有想象中那么纠结与可怕，相反地，它让匡徐收获了他人的鼓励与内心的强大和成长，也让匡徐学会了真诚地面对自己。宣讲结束后，匡徐将自己当天所经历的，图文并茂地发了一条朋友圈，刚发出不久，那条朋友圈下方就收到许多亲朋好友或鼓励或赞许的评论，有些朋友甚至直接打来了电话调侃匡徐：我还以为是百家姓宣讲会呢，你的表现真的很不错哦，为你点赞。父亲看到他的朋友圈，一早便特意打来电话，说："孩子，你让我感到无比骄傲，也感谢你的懂事与付出。"言语中满是无奈、内疚与亏欠。匡徐安慰起父亲来，孩子已经长大，他有能力担起家庭的重担了，让父亲坚信，风雨过后，一定可以看见绚丽的彩虹。

宣讲会过后，时任广东省委宣传部讲师团团长杜新山，当即邀请所有宣讲员在会议室开会，杜团长总结大家的表现，对每个宣讲员进行了细致的点评，最终的结果毫无悬念，匡徐成为此次百姓宣讲团宣讲队伍中的正式一员。作为这次宣讲团队里唯一的一名学生代表，这绝对是一份无上的殊荣。匡徐用自己的行动、故事为自己的人生打开了一扇全新的大门。会议最后，广东省委宣传部通知匡徐，接下来的宣讲，也是最为正式的一场宣讲，将于 2019 年 1 月 9 日举行，届时广东省委书记李希也将莅临现场。

惊喜之余，匡徐不免有些许紧张。会议结束后，匡徐第一时间找到了夏泽和，他终于见到了这位一直在电话中与自己沟通的熟悉的“陌生人”。这是他们第一次见面，眼前的夏泽和略带魁梧的身躯在一身西装的映衬下，给他的文人气质增添了一份刚毅，架在鼻梁上的金丝框眼镜又让这份刚毅显得儒雅沉稳。这份气质让匡徐对他产生莫名的亲切感，他十分坦诚地对夏泽和表达了自己对于 1 月 9 日宣讲会的担心，夏泽和笑着安慰他：“这个你不用担心，我们一共准备了六场宣讲会，在 9 日之前的一个星期里，我们会给你们安排培训。”听到这里，匡徐才稍微放下心来，同时，也十分期待宣讲会的到来，现在的匡徐已经无所畏惧了，抛却内心深处的那些自卑与脆弱，现在的他，已经是一个全新的自己了。

与其悲伤，不如奋斗

不同职业的选拔与试讲，在时间上是错开的。因此，接下来的几天时间里，广东省委宣传部讲师团给几位宣讲员分别做了相应的安排。在中共一大旧址，来自广州白天鹅宾馆房务部宾客关系总监

张丹凤讲述了《光荣与梦想》，那是她从读大学到成为十九大人大代表的心路历程；《羊城晚报》记者王倩作了题为《中国方案 丝路情怀》的演讲，那是关于广州中医药大学已 80 多岁的李国桥教授与其徒弟朱拉伊在东非岛国科摩罗的抗疟之旅；广东嘉腾机器人自动化有限公司董事、副总裁陈洪波作了题为《坚持就是胜利——我的创业三部曲》的演讲，那是关于他自己创业的心路历程；还有广州车站海关关长杨杰的《国门线上的守护》，那是关于她从事海关工作的故事与感悟；以及著名词作家蒋开儒老师所作的题为《我为改革开放写首歌》，关于歌曲《春天的故事》创作之心路历程的宣讲。这些宣讲都从不同方面不同程度影响着匡徐，让他在心底油然生起一份作为宣讲员的责任感：百姓宣讲会的真意并不是高谈阔论生活的大道理，而是将道理隐藏在发生于人们身边的小故事中，宣讲的目的就是通过分享每一个鲜活个体真实生活中的点点滴滴，用最能连接百姓的方式把群众中的正能量传播出去，并由小群体推广到更广阔的社会中去，用润物细无声的方式影响一个又一个的人，甚至一代又一代的人。

在感叹其他同伴宣讲主题和内容精益求精的同时，匡徐也深深地认识到了自己的不足与局限。所以每一次听同伴宣讲的时候，他

▲ 宣讲员们接受培训时的场景

都会认真做好笔记，找到自己的不足，不断完善自己。他白天听别人宣讲，晚上认真地反思自己的文稿，常常对文稿中的每一句话反复推敲，揣摩是否完全发自真情，如何才能感染更多的观众。距离1月9日越来越近了，匡徐恨不得自己能像电脑那样，精准地扫描出每一个细微的不足。宣讲的PPT，他也力求尽善尽美，请广东省委宣传部讲师团的工作人员反复调整和优化，不管是整体还是细节，他自己看过还不放心，一定要再请两三个同伴一起审核，根据大家的意见及时调整，不断完善。因此常有同伴调侃他："匡——徐，匡——徐，字面意思是慢慢修改纠正，你还真是人如其名啊！"对于同伴的调侃，他毫不在意，依旧"我行我素"，一丝不苟地准备着宣讲稿。

在准备宣讲工作之余，与讲师团的领导和工作人员一起吃饭时，经常聊起的一个话题就是讲师团是如何在茫茫人海中找到自己、找到这些行业的公众代表的。匡徐对此充满了好奇，于是便问坐在旁边的夏泽和为什么选中了自己。不是匡徐妄自菲薄，实在是比他厉害的人太多了，而作为理科生，他对自己的写作水平也是有所认知的，难道仅仅是因为自己的故事更能激起别人的同情与感动吗?

夏泽和笑着说道："本来还有一位中山大学的学生，那位学生曾经参加过'南粤杯'演讲比赛，稿子的水平不错，可惜这名学生改稿迟迟没有反馈，而你第二天就能给我及时的回复，我们看中的是你那份责任心和认真做事的态度。"

和夏泽和相处的这几天，匡徐早已习惯了他说话的直接，也笑着回答道："看来是我的习惯帮了我。"

上大学后，匡徐的人生信条便多了一条：有些一定要做的事情，不要拖延，应及早完成。在校期间，每当周五上完实验课，不少同学开始计划周末去哪里玩的时候，匡徐总是转头奔向图书馆开始整理实验记录，踏踏实实地把实验报告写完才开始计划其他事情。能走到今天，绝非旁人所想的那么轻松，这得益于他平时长期的坚持。

2019 年元旦过后，距离正式的宣讲只剩下一个星期。封闭式的培训和高频率的宣讲几乎占据了匡徐的日常生活。这段时间里，匡徐的母亲状态不佳，时常会打电话与他倾诉，有时候匡徐一边看稿子一边与母亲通话。通过他的宣讲，同伴们知道了他家里的情况，也都体会到了他内心的苦楚。每当匡徐上台讲到他母亲经历的苦难，情绪变得十分失落时，大家都会让他下台稳定情绪，鼓励安慰他，宣讲团的成员都把他当弟弟看待。闲暇时分，比他年长的陈洪波、蒋开儒也会因时因地因情境，灵活地与匡徐聊天，向他传授一些缓解压力的方法和技巧。身为团队的负责人，讲师团的杜团长更是经常语重心长且不厌其烦地说着同样的一句话："宣讲一定要做到'目中无人'，至于台下有什么领导，对我们来说都是一样的，我们要做的就是认真、自信地表达自己。"

是的，宣讲真正要做的，就是清晰明了地讲述自己的故事和表明自己的态度。杜团长短短这句话让匡徐感触颇多，那是对宣讲技

▲ 讲师团工作人员陈立欣在调试设备

巧的指导，更是对他人生态度的点拨。

2019 年 1 月 8 日，宣讲会的前一天，匡徐及其他宣讲员停止了宣讲培训，开始着手准备最后的彩排，技术人员也在会场忙碌而有序地调试着音响和麦克风。

第二天，天才蒙蒙亮，大约五六点的样子，顶着冬日清晨的严寒，匡徐独自来到珠岛湖边练习宣讲，进行着最后的准备。碧绿的湖面上倒映着匡徐那笔挺的身躯，他也许不曾想到此刻的自己，就像一座灯塔，指引着自己，也将引导着他人。

指针指向 9 点，宣讲会正式开始，所有观众以及领导都坐在了各自的位置上，会场顿时安静了下来。

宣讲会一开始，先是张丹凤上台，接下来便是匡徐的宣讲。张丹凤结束宣讲走下讲台，匡徐再一次整理了一下自己的衣着，在观众们期待的目光中，从容地走上了宣讲台。比起之前的练习，这次的匡徐表现得更为淡定，在外人无法察觉的内心深处，那最后一丝担忧也已逐渐被坚定所取代。在这个大舞台上，匡徐从容自信地把自己带回往事与回忆中，他用真诚的心宣讲自己曾经的自卑与狭隘；用悲痛的语调宣讲家中发生的一切；用乐观、感恩的心态宣讲多姿多彩的大学生活。当说到自己这十几年来的读书生涯时，匡徐显得尤为激动，一直被别人视为学霸的他，大声回应："学子都有机会奋斗出精彩的人生，感谢国家为所有学子最大限度地保留着这个机会和这份尊严。"

"感谢省委宣传部讲师团举办的这次宣讲会，让我有幸遇到一个全新的自己，也感谢夏老师当初的坦诚直接，如醍醐灌顶，让我认识到了生活正是一个打破和重塑的过程，对于一些旧事，与其选择逃避，不如勇敢地去面对，与其悲伤，不如去奋斗。"匡徐心里充满感激，这是他发自内心深处的声音，也是坚韧之花开放的声音。

▲ 匡徐在学校的试验田里

宣讲稿

回到宣讲现场

匡徐：感恩祖国　此生相报

大家好，我是来自华南农业大学的匡徐，古诗有云：“不经一番寒彻骨，怎得梅花扑鼻香。”今天，我想给大家讲述一个有关“梅花香”的故事。

我出生在江西省九江市的一个贫困县，父母都是残疾人，父亲有视力障碍，母亲患有精神分裂症。从小，家里就一贫如洗，全靠父亲出卖苦力维持生计。对于我和妹妹来说，知识改变命运，不单单是一种鼓励，更是我们唯一的希望。

在九年义务教育制度的保障下，我的学习之路还算一帆风顺，中考还取得了十分优异的成绩。然而，天有不测风云，高二那年的暑假，正当我满怀信心地憧憬着未来的美好生活时，母亲突然患病，我的生活一下子坠入了无尽的黑夜之中。

母亲患的不是普通的抑郁症，而是有暴力倾向的精神分裂症。病发后会精神恍惚、喜怒无常，还会伴有极度危险的行为，甚至会突然冲到大马路中拦截行驶的车辆。当时母亲病发，而父亲迫于全家生计在外地打工，照顾母亲的重任只能落在我的臂膀之上。记得那次母亲又失踪了，刚刚找到她时，已经发病多日，全身数十处伤痕，嘴巴里满是水泡和溃疡，她已经好几天没有吃过一顿饭了。她看到我时，似乎认不出自己的儿子，但或许是出于一种本能她并不会打我。在民警同志的帮助下，我把母亲送到了县里的精神病院。

我永远不会忘记在医院里陪伴母亲的日子。县里的医院十分简陋，一百多平方米的地方关着几十个病人。刚入院时，母亲的情绪极度不稳定，时常与其他病人发生冲突，医生只能把母亲抬上床，四肢用绳子绑住，她一边用力挣扎，一边苦苦哀求，让我为她解开绳子。而我，只能一边抱着母亲痛哭流涕，一边默默乞求能否让我替她来承受这份苦难。可是，母亲的病情依旧没有好转，甚至越发严重，医生建议我们送母亲到九江市条件更好的医院接受治疗。但更好的医院也就意味着更高昂的医疗费用，这对于本就一贫如洗的家庭来说无疑更是雪上加霜。最后，父亲为了让我安心备考，不被母亲的病情所困扰，还是决定把母亲送去九江，拿出预备给我上大学的钱来救治母亲。那一年，我顶着极大的心理负担备考，紧紧抓住“知识改变命运”这最后的信念，考上了华南农业大学。

母亲大病之后，我不忍再加重父亲肩上的重担，便暗暗下定决心，今后的一切，都要靠自己。临入学前，我申请了八千元的生源地助学贷款，其中一半交了学费，另一半留作生活费。为了赚取更多的生活费，我拼命地去找兼职，每小时十五元的派单费可以让我如获至宝般开心，一百元的工资也可以让我完完全全地忘掉高温下玩偶服里的闷热和煎熬。除了“开源”，我还想方设法“节流”。学校食堂最便宜的四元钱的午饭，我都嫌贵，于是便自己买面条来煮，曾一度将每顿饭的开支压缩到两三元。幸好，在最难熬的阶段，我的学校，给我提供了助学金，帮我渡过了难关。学校的资助给了处于困难时期的我莫大的鼓励，同时也激发了我内心的斗志，发誓要用最优秀的成绩来报答这份恩情。

慢慢地，我从失落的情绪中走了出来，重整旗鼓，开始全身心地投入到大学的学习和生活中，我担任班长，尽职尽责，工作得到了老师和同学的高度认可；我热爱生活，是一个羽毛球迷，还擅长跑步，在院运会时还打破了多项学院中的长跑纪录；我刻苦学习，从不懈怠，在大一结束后取得了绩点排名专业第一、综合测评年级第一的好成绩。可是，在我以为生活的苦难已经悄悄离我远去，黎明的曙光即将照进我的世界之时，病魔的爪牙再一次伸向了我的母亲。

是的，母亲的病又复发了。那时，父亲每天连续工作十二个小时，根本无暇照顾母亲，只能再次将母亲送入医院，家庭的经济状况在短暂的回暖之后，瞬间又跌入了严冬。万念俱灰之下，又是我的学校，将我从绝望的深渊一把拉出，学院依照国家的奖助学政策，给我评了国家助学金、“正典学长助学金”和一等奖学金，总计一万一千元。我将必要的学杂费留下后，将其余的钱尽数寄给了父亲，只期盼母亲能够早日康复。

在奖学金的激励和助学金的鼓励下，我开始更加严格地要求自己脚踏实地，并且在随后的两年里，保持了年级第一的好成绩，获得了梦寐以求的国家奖学金。获得国家奖学金当天，我第一时间将这个好消息告诉母亲，母亲吓了一跳，赶紧问我："怎么会有这么多钱？"我骄傲地回答她："都是咱们国家的政策好！"

大学四年里，我总计获得奖助学金四万三千元，不但没有向家里要一分钱，还将多余的钱寄回家中。但是，对于妹妹，我始终心怀愧疚。我高三那年，妹妹初三，同样都是关键时期，而她背负的，却更多。那时，家庭已经无法继续承担母亲高昂的住院费，只能将母亲从九江的医院接回家中，但是母亲的精神状态并没有完全恢复，根本没有自理能力，在床榻上一躺就是大半年，我和妹妹负责照顾母亲。但其实，懂事的妹妹又比我承受了更大的压力。我是住校生，只能趁着周末的半天假，给母亲买好接下来一周的日常所需，妹妹则和母亲每天同吃同住，负担起照顾母亲的更多责任。我清楚地记得，有一次回到家中，妹妹怀着巨大的恐惧对我说："哥哥我怕，每天晚上睡觉我都是锁着房门的。"看着妹妹惊恐的表情，我一时语塞，背过身去，眼泪夺眶而出，因为我和妹妹同样明白，身体上的压力，我们都能承受，但是精神上的压力，却像刀子剜在心尖般疼痛。那年，妹妹没能考上高中，读了三年中专之后就去了北京，在一家茶叶公司当销售员。虽然妹妹没和我说过去北京的原因，但是我明白，在她的心里，也有一个去大城市的梦想。

在故事的最后，我想分享一句话："你要相信，命运给你一个比别人低的起点，是想让你用奋斗去改写你的一生。"是的，我相信，每位学子都应该有机会去奋斗出一个属于自己的精彩人生。同时，感谢国家，为所有的学子最大限度地保留着这个机会和这份尊严。

▲ 匡徐乐观的妹妹

相关链接

【来源】（公众号）紫荆华农

“华农之星”匡徐：志存高远，梦若星河

他曾在百姓宣讲会上讲述着自己的经历，

他感谢学校和社会给予的各种支持，

让他能够在大学四年里活出了自己的精彩，

他就是“华农之星”——匡徐

▼ 获得“华农之星”时发言的匡徐

创新学习，源头活水汩汩来

在学习中，一丝不苟是匡徐的标签。大三学年的平均绩点为4.43，排名专业第一，综测排名年级第一，获校一等奖学金，这已经是他第三次绩点排名专业第一、综测排名年级第一了。追求卓越一直是匡徐不变的初衷，与大一和大二有所不同的是，在学习上，他开始不满足于“知其然”，他会更多地把精力放在“知其所以然”上面；在用心学习课堂知识的同时，匡徐会花更多时间进行深度的认知学习。这一年，专业基础课变得更多了，学习的内容也更加复杂起来，但是匡徐很快适应了这种变化，他找到了适合这些课程的学习方法，并以令自己满意的成绩修完了专业基础课。匡徐开始十分“沉迷”于一个学习软件，他十分喜欢它的口号——和你一起终身学习。匡徐会每天用它来“听书”，这对他个人视野的开阔有很大的帮助，而他也愈加认识到终身学习的重要性。入学以来，匡徐一直信奉的一个理念就是：学习永远是放在第一位的。不论工作或者生活多么忙碌，他都会及时查看近期的学习是否到位。匡徐还会时不时地产生危机感，太久地“离开”学习，会让他感到无所适从，况且，既然被贴上“学霸”的标签，就得实实在在地做学霸。所以，让匡徐最快乐的时光大多是在图书馆，一张椅子，一杯水，三尺书桌，满室书香，这些足以让他沉浸其中，一个上午甚至是一整天。

用心服务，春风满面热情高

在工作和学习中，匡徐都会保持认真负责的态度。大一时，匡徐大胆尝试各项社会工作。担任动物药学一班的班长，与全体同学共同努力，获得了“优秀班集体”的称号。作为兽医学院团委学生会勤工部的干事，匡徐享受着在部门中工作的乐趣，并在师兄师姐的帮助下快速成长。到了大三，匡徐把工作重心放到志愿服务上，他加入了广州市启智服务总队，在闲暇的时候去做志愿者，这一年他累计参与志愿活动近100个小时。匡徐说道：“做志愿者的经历特别让人难忘，白云图书馆里面沉淀着厚重的知识，沙面驿站是美丽的风景线中一个温馨的小家，花城爱心餐在一个小小的便当中凝聚了满满的社会关怀，金沙中学的残疾人运动会让人在兴奋之余充满感动，康复中心的小朋友心灵手巧、能言善辩，启明学校的小朋友在黑暗中却能拥有更多的光明……”所有的这些，也是匡徐一直在苦苦追寻的意义，匡徐认为当你用心去做志愿服务的时候，你会被众多的爱心“反噬”，从而出现连你自己也意识不到的自我提升。

匡徐在班级中会尽心尽力地承担力所能及的事情。院运会时，他协助团支书积极展开工作，布置自己班级的“大本营”，并且组织好啦啦队，为班级的运动健儿加油打气，最终班级获得了团体总分第二名和班级形象设计大赛二等奖。在学院组织举办的团组织生

▲ 生活中乐观向上的匡徐

活中，他也起到了十分积极的作用：在前期组织中，匡徐协助团支书联系老师，安排行程，认真为同学们服务；在后期的评选中，他负责讲解班级的活动内容，他认真准备的演讲稿和团支书准备的PPT，使匡徐的班级在团组织生活活动中脱颖而出，获得了兽医学院团组织生活一等奖。

用心感悟，精彩生活收眼底

在生活中，匡徐积极参加各类社团组织，按照自己的兴趣爱好去生活。他喜欢中国古代诗歌，加入了菁菁诗社；热爱羽毛球，加入了华农羽协和兽医羽毛球院队。匡徐说："人一定要忠实于自己的生活，不然只会沦为生活的奴隶。生活就像大学的选修课，千万不要因为哪个老师给的分高就趋之若鹜，否则必然会被自己背叛、被生活背叛。当你去选择你所爱时，你才能发现你的精神和你的课堂融为一体，从而感受到生活的喜悦。很多时候，我会把自己的爱好当作精神的寄托，当迷茫、不知所措时，我会读读诗、念念词，用古典文学洗涤自己的心灵；当我精力充沛或百无聊赖时，我会选择去打打羽毛球，在运动中释放自我。”

除此之外，匡徐还有一个小目标，那就是参加广州国际马拉松比赛。在匡徐眼中马拉松不仅仅是一场比赛，而且是用来衡量自己是否进步的一个标尺，没有长久的训练和足够的坚持是无法完成马拉松比赛的。

所以，匡徐会坚持每个月至少跑一次半程马拉松，每周跑几次5000米长跑，虽然每一次跑完他都全身酸痛，但他觉得这才是成长真正应该经历的过程。正是因为这样的坚持，匡徐在院运会中取得了出色的成绩，打破了兽医学院男子1500米和男子5000米的纪录。

参加宣讲团，感恩社会，感恩父母

经学校推荐，匡徐通过广东省委宣传部的层层选拔，加入了广东省委宣传部、广东省委教育工委组织的宣讲团。在百姓宣讲会上，匡徐通过亲身经历，讲述国家的奖助学政策对他的帮助，体现了国家奖助学政策对家庭困难的学子们的重大意义，展示了改革开放的时代精神。

匡徐非常感恩自己的父母、学校和国家。匡徐说：“父母年事已高，却依然在为我操劳，我于心不安、于情不忍。在我进入大学的第一天，就想着一定不能辜负父母的期望，用最优秀的自己来报答他们。”学校和老师的关心让匡徐快速地融入了大学生活，刚开学时，他还在为各项开支而担忧时，助班师兄就为匡徐向学校申请了助学金，解决了他的燃眉之急。“我感觉自己是一个幸运儿，一路走来，我总能得到各式各样的帮助和支持，总是被环绕在温暖的关怀之中。我很感恩，感恩所有。因此我加入了广州启智志愿者总队，在闲暇之余回报社会、感恩社会。”匡徐说道。

二十岁生日时，匡徐写了一首诗来勉励自己：

人生逢双十，

鲲鹏当展翅。

不与天比高，

安知少年志！

146

◄ 长跑比赛时的匡徐

宣讲员：张丹凤

一个时代催生了一家宾馆，

一家宾馆见证了一个伟大的时代，

而我，有幸在这个时代成长于“白天鹅”。

也许，外面的世界足够精彩，

但这里，就是我最精彩的世界。

第四篇

历历寻常事
成就匠心梦

编者按语

作为广东省委宣传部百姓宣讲团的一员，张丹凤讲述了一个普通人工作中用细心、巧心、耐心去为他人服务的平凡故事。把自己嵌入时代发展之中，在奋斗中追寻梦想，时代的荣光一定会属于这些追梦人。张丹凤的成绩是干出来的。有着匠心梦的张丹凤当年以综合排名第一的成绩进入白天鹅宾馆，在餐厅实习，做着洗茶壶、传菜、倒潲水桶之类的普通琐碎的工作，即使是面对父亲电话中深深的不解和失望，她也没有放弃追求和努力，带着委屈和不甘，她踏实肯干、始终如一。正是凭着这些细微之处见真章的优秀品质，张丹凤进入白天鹅宾馆的 15 年间，兢兢业业、恪尽职守，逐渐成长为酒店行业的精英，并在 2017 年当选为广东省第十二次党代会代表和中共十九大代表，迎来了她的人生蝶变。

小故事反映大时代、大变革。植根于改革开放前沿阵地，白天鹅宾馆在广州沙面建成开业，成为内地首家五星级酒店。即使放在历史的长轴中，白天鹅宾馆的筹建与落成也是改革开放进程中一个重要的标志性事件。张丹凤在宣讲中说，她与白天鹅宾馆的结缘始于她在大学期间的一次阅读，在阅读那本介绍白天鹅宾馆的书籍《光荣与求索》时，她的心灵受到了巨大的震撼——宾馆投资人霍英东先生力排众议，在宾馆刚开业时就坚持要求四门大开，不仅敞开怀抱迎接四方宾客，更是敞开大门友好对待每一位普通市民的造访，即使这样会给宾馆增加巨大的成本和管理难度。由此，白天鹅宾馆缔造了酒店业的传奇：自开业之日起，便对外界“四门大开、迎天下客”，率先打破之前国内宾馆“谢绝外人入内”的管理理念，并在不断发展完善中为同行竞相效仿。这样的故事通过张丹凤的宣讲，让人深深觉得改革开放初期的中国，正是因为这种敢为天下先的精神，也需要用这种精神昭示才有了历史大背景之下的伟大时代觉醒，从而折射了中国改革开放以来波澜壮阔的沧桑巨变。

没有身体力行、踏实肯干的积累，是不可能有内容充沛、感动人心的宣讲。张丹凤的宣讲，处处都浸透着她用自身言行传递的工匠精神。她从进入白天鹅宾馆的第一天起，就在专业水平与综合素质上对自己有着严格的要求，更细心观察每一个细节，事无巨细地做好服务工作；她以整体、全局的眼光，从酒店的长远发展考虑，与宾客关系组各级别的管理人员一起编写职责职能和岗位操作流程、突发事件应急流程和新入职员工培训课件等，让工作标准看得见、摸得着，通过不断完善每一条细规、每一个细节，将事情做到尽善尽美；她开创了酒店导赏这一服务项目，将作为广州市重点文物保护单位的白天鹅宾馆打造成为一座鲜活的展览馆，从大堂的故乡水、玉船、漆画等摆设，到餐厅里每一道粤菜美食，都用匠心巧思进行设计让它成为这座城市的文化名片。

工匠精神不仅是一种技与道，也是实现个人发展、国家富强必不可少的素质。张丹凤的宣讲，是对新时代工匠精神的生动解读，张丹凤在自己的岗位上，用实际行动和服务品质有力地诠释了爱岗敬业的职业精神、精益求精的品质精神、协作共进的团队精神、追求卓越的创新精神。同时她也通过自己的宣讲，培育、传播和弘扬了新时代工匠精神。

2004 年入职白天鹅宾馆、现任白天鹅宾馆房务部宾客关系总监的张丹凤，无论是在宾馆贵宾接待、应急突发状况处理、网络舆情和会员系统管理等具体工作方面，还是在工作方法、服务水平以及团队管理等综合能力方面，又或是在维护企业形象、塑造企业文化、提升公众对服务行业信任方面，都兢兢业业、恪尽职守，用心、尽心地向大众诠释服务行业的坚守。于她而言，白天鹅宾馆已经不是一个工作的场所或是一份谋生的职业，更像是她的一个家，一位亲人，她敬它、爱它并用自己的双手呵护着它。

这位曾经青涩的年轻姑娘如今已经成长为酒店行业的精英。如果说白天鹅宾馆是一本具有岭南文化特色的书，那么张丹凤就是精读这本书的人；如果说白天鹅宾馆是“酒店行业的黄埔军校”，那么张丹凤无疑是一位优秀导师。凭借着精益求精、力求完美的工匠精神，她曾先后获得首届全国高等职业教育百名就业创业之星、广东省系统和行业“窗口之星”、广东省“五一巾帼奖”、广东省“三八红旗手”等称号，并在2017年当选为广东省第十二次党代会代表和中共十九大代表，担任2019年第45届世界技能大赛酒店前厅接待项目中国赛区裁判、广东赛区裁判长。白天鹅宾馆为她提供了超越自我的可能性，她们互相见证着彼此的成长。

▲ 激情宣讲的张丹凤

白天鹅宾馆：历史铸就辉煌

1978年12月，党的十一届三中全会作出了实行改革开放的决策，引入外资，特别是更加积极地吸引外商直接投资，兴办中外合资、中外合作与外商独资企业。为响应国家政策、顺应时代潮流，广东省旅游局于1979年初与香港工商领袖霍英东、彭国珍成立的香港维昌发展有限公司签署《白天鹅投资与兴建旅馆计划意向草案》，即后来的白天鹅宾馆项目。

事实上，在此之前的几个月，国务院就成立了“利用侨资外资筹建旅游饭店领导小组”，广东省成立了“省旅游工程领导小组”，总设计师邓小平更是提出要在全国几大城市建立几个国际水准的旅游饭店的构想，后来进一步明确为“四大城市八大饭店”：即北京、广州、上海、南京四大城市建八家涉外宾馆的计划。此次《白天鹅投资与兴建旅馆计划意向草案》的签署，受到中央到地方各级政府的高度重视。时任广东省委书记习仲勋亲自致函推动项目的审批，时任广东省副省长梁威林担任白天鹅宾馆首任董事长，时任广东省旅游局副局长朱一明兼任首任总经理，时任广州市副市长林西全程参与了项目规划及建设。

改革开放前沿阵地开明之士的坚持和推动，催生了中国第一家中外合作经营的宾馆，作为连接世界的窗口，也见证着中国的改革开放。历经十个月获批立项，又经过三年多建设，1983年2月6日，

▲　建成初期的白天鹅宾馆

白天鹅宾馆在广州沙面建成开业，成为内地首家五星级酒店。

中外合作是改革开放的胜利成果。即使放在历史的纵轴中，白天鹅宾馆的筹建与落成也是改革开放进程中一个重要的标志性成果。

为深入普及、宣传贯彻习近平总书记视察广东重要讲话的精神，庆祝在改革开放以来广东所取得的辉煌成就，增加市民的主人翁意识以及参与城市建设的意识，广东省委宣传部决定组建一支省级百姓宣讲团，尝试以互动式的方法，把党的理论宣传做成百姓的“家常菜”，通过面对面的宣讲与互动式的交流沟通，有针对性地、深入浅出地宣传贯彻党的政策与精神，将之与个人的具体经历相结合，以情动人，努力打通从理论到实践贯彻的“最后一公里”。

在本次宣讲团的人选方面，广东省委宣传部讲师团将视线锁定在了广东省具有标志性的产业或企业中，作为广东省乃至全国改革开放的地标式窗口的白天鹅宾馆，自然成为讲师团重点考察的对象之一。

作为内地首家五星级宾馆，白天鹅宾馆在创立伊始以“引领行业发展方向、打造行业楷模”的意识与担当，以先进的管理理念、专业的管理方法、极具凝聚力的企业文化成为业界标杆。这些都离不开一代代、一位位“白天鹅人”的付出与努力，张丹凤便是其中一位。

她在工作中的突出表现以及白天鹅宾馆在改革开放历程中的重要性，使她成为庆祝改革开放 40 周年百姓宣讲员的不二人选。这个入职时刚满 22 岁的姑娘，怎么也不会想到日后成为全省酒店服务业唯一一位入选省级百姓宣讲团的成员。

进入宣讲团：回首来时，砥砺前行

“我的故事要从白天鹅宾馆的‘四门大开’讲起。”站在台上的张丹凤回忆起往事，无限感慨。

为了这次百姓宣讲员的选拔，她已经准备了半个月，然而，她并不是为了个人的荣誉，而是当作一次更新白天鹅宾馆形象、强化企业文化的机遇：“这是一次让大众深刻了解白天鹅的难得机会。”

被誉为我国“改革开放地标”的白天鹅宾馆，吸引着全国乃至全世界各地的游客前来入住、参观，每天前来与宾馆标志性景观“故乡水”合影留念的宾客游人络绎不绝；白天鹅宾馆其实也承载着“老广”们的一种情怀：每天与家人到这里喝早茶已成为他们的一种生活习惯。同时，宾馆也吸引了大批政要、运动员、文娱名人以及海内外友人，大家似乎对白天鹅宾馆有一种天然的亲切感，现在，人们早已经对自由出入宾馆习以为常，但鲜有人知道，在改革开放初期，国内涉外酒店都是抱着“闲人免进”的态度，谢绝非入住宾客入内。正是霍英东先生大刀阔斧、石破天惊的魄力，白天鹅宾馆自开业之日起，便决定对外界“四门大开、迎天下客”，率先打破国内宾馆之前“谢绝外人入内”的管理理念，并在不断发展完善中为行业竞相效仿，方才形成现在大家所认为的“常态”。

▲ 广州市民参观开业初期的白天鹅宾馆

宾馆投资人霍英东在多方考量、调研后选择于广州沙面建立这样一座宾馆，从宾馆设计、施工到管理，都坚定其“三自”方针，即“自己设计，自己施工、采购和自己经营管理”；更在项目初期就指出：广州沙面作为广州最早的通商贸易区，有着较长一段租界历史，当时洋人宾馆与其他休闲、服务场所一律打着“华人与狗不得入内”的牌子，成为一个时期民族之殇痛，“如今建了一家酒店，却不让咱们的老百姓进，与当年看不起中国人的洋人和买办有什么两样？北京、上海的酒店我们管不着！我只知道，国外的酒店都是向公众开放的，没有理由在一个人民当家作主的国度里，酒店却要对公众封闭！”霍英东这些举措，在当时看来无疑是先锋大胆的，事实证明，这极大地增加了国人自己管理现代化宾馆的信心，也为国内宾馆的管理开辟了一条新的道路，其影响一直延续至今。

霍英东先生的这种独立、开放、自主意识，早已融入白天鹅宾馆的骨血，成为其企业文化的重要内容之一，这也是他青睐广州沙面作为实施所在地的原因所在。在他看来，与内地其他大城市相比，广州的优势在于接近港澳等地，又有许多华侨，对外交流密切，再加上其近代长期作为通商城市的历史，使这座城市有着很好的对外交流基础。

“白天鹅宾馆‘四门大开’的第一天早上，仿佛全广州的人都来了。”对白天鹅宾馆历史了如指掌的张丹凤如数家珍般地说，“那时保安上班，岗位旁边还会备着外套和皮鞋，给光膀子和穿拖鞋的

▲ 白天鹅宾馆开业盛况

参观者穿。”

广州这座千年古城骨子里的开放基因，加之霍英东的这份情怀，赋予了白天鹅宾馆与生俱来的敢为天下先的魄力。这让张丹凤深以为傲：“我们一直在努力，让宾客们认识广州这座历史文化名城所深蕴的东方古典之美。”

2004年，张丹凤以极其优异的成绩进入白天鹅宾馆，在餐厅实习的第一个星期，她接到父亲电话，充满期待地问她在白天鹅每天都干什么。“我老老实实回答：‘洗茶壶、传菜、倒潲水桶。’即使看不到爸爸的表情，我也能深深体会到他的不解和失望，他说，‘家里供你读书那么多年，现在你告诉我一个大学生在餐厅做服务员，天天倒潲水桶？’”

父亲话语中明显的失落感深深刺痛了张丹凤，初入职场，面对一个全新的领域，她的工作也并非一帆风顺，其间也会有委屈、挫败感以及迷茫，本以为可以从家人那里得到一些宽慰与鼓励，但父亲的话也让她清楚认识到了问题的所在，父亲的不理解其实反映了大部人对服务员的态度，觉得那是一份没有技术含量、卑微低下甚至没有尊严的职业，这点她在工作中已经有所觉察，但从父亲的口中说出更深深扎伤了她的内心。天生不服输的她，暗暗下定决心：一定要用自己的行动改善父亲以及公众对服务行业的认知！

在张丹凤看来，百姓宣讲团就像一台奇妙的时光机，带领着她一路回望，更加立体地回看这一路以来的奋斗、付出、回报、感动、倔强、委屈、成就与掌声……但张丹凤体会最深也最让自己感动的，还是她对白天鹅宾馆、对自己工作的初心与坚持！她看到自己由一个面对繁重工作曾经青涩、稚嫩，略有些胆怯、战战兢兢的年轻姑娘，成长到如今自信从容、游刃有余的职场女性，那种身为“白天鹅人”的自豪与骄傲油然而生，更加坚定了自己未来的方向与迈向前方的脚步。

在接下来大大小小、或长或短的宣讲中，每谈及此类细节，张丹凤总不免感慨动容、语带哽咽。

2017 年，张丹凤当选为党的十九大代表。经过多年兢兢业业的打拼，彼时的她已是白天鹅宾馆房务部宾客关系总监。当她满怀激动地将这一消息告诉父亲时，老人家先是愣了一下，过了一会，充满欣慰地笑着对她说：“闺女，我为你骄傲。” 那种认同与肯定，在她心中比任何荣誉都来得真实！从开始的不解与失望，到如今的骄傲和自豪，张丹凤付出了艰辛的努力，而父亲的内心又何尝不是几经煎熬。如今她知道，自己做到了，父亲的肯定不仅是家人对自己的认同，更体现了公众对酒店服务行业态度的改变，而这种改变的背后，有自己的一份力量！人生最幸运的事莫过于在自己的工作岗位上能有所成，而这份工作，又恰好是自己所喜欢且热爱的！

以情动人，以事感人，以德服人，以行带人。张丹凤真诚、真挚、感人的演讲得到了时任广东省委宣传部讲师团团长杜新山的赞赏。演讲结束后，张丹凤走下宣讲台，杜团长激动地握住了她的手，

▲▼　张丹凤宣讲现场

欣喜地对她说："讲得真不错，听你讲'四门大开'那部分时，我就像是真的走入了那段历史，你让这些遥远的白天鹅宾馆历史再次鲜活生动了起来，那是一代人奋斗的记忆，展现了我们国家自强不息、独立进取的精神，与我们宣讲会的主旨非常吻合，言语朴实、情感真挚、态度真诚，其间有好几次，我都忍不住感动得落泪了。非常欢迎你到省委来宣讲，期待你下一次宣讲带给我们惊喜。"杜团长的一席话，让张丹凤非常感动，要知道宣讲当天张丹凤因为工作关系迟到了整整 40 分钟，现场工作人员临时调整了上场顺序，将张丹凤安排在最后一个宣讲。等到她火急火燎地赶到现场的时候，第三个宣讲员已经宣讲结束了。她一路上都在想，希望领导不要因为自己的失误生气。可没想到的是，领导竟然很认可她的宣讲，这让她很惊喜。而她并不知道自己是第一位被确定纳入百姓宣讲团试讲的宣讲员。

从实习生到经理：无悔风雨，一路逐梦

面对工作，张丹凤从一开始便注入了匠人匠心精神，并在其十五年的职业生涯中，耐心专注、身体力行地践行着，为梦想而坚守，为信念而执着，为理想而奋斗，择一事，终一生。在她的心中，白天鹅宾馆是她一生值得坚守的事业。

张丹凤对于酒店服务行业有着独到的个人理解，在不断地观察

与对比中，她发现酒店服务行业对从业人员既有着服务行业的普遍要求，又有特殊性。她也研究过一些专业有序的管理方法，觉得虽然制度化的管理会让事情变得井然有序，保证了服务的质量，但缺少了温度，总给人一种“外人”的距离感。她想让每一位走进白天鹅宾馆的客人，都有一种“回家”的感觉，给每一位入住的客人以一种家的温馨与信任。她认为，成为客人的港湾与陪伴，这才是“内地第一家五星级宾馆”该有的样子。所以，从进入白天鹅宾馆的第一天起，她就抱着这样的想法与初心，不仅在专业水平与综合素质上对自己有着严格的要求，更细心观察每一个细节，事无巨细地做好服务工作；同时，她善于倾听，遇到问题时经常站在客人的角度换位思考，真正做到了“想客人之所想，急客人之所急”。

张丹凤对工作不遗余力地付出，以实际的行动影响着周围的同事。很快，她就在众人之中脱颖而出。入职白天鹅宾馆的第一年，她就获得了前台部技能大赛亚军，此后陆续获得了广东省系统和行业“窗口之星”、广东省“五一巾帼奖”等称号。这一切的背后，是她最初选择进入酒店行业的初心——不管前一天工作有多晚，不论即将面对的工作有多棘手，只要穿上制服、别上党徽，张丹凤就以“对工作保持热情，对客人保持微笑，用真诚拉近与客人的距离，以行动换取客人的信任”来要求自己。鲜花、掌声与荣誉纷至沓来，并没有让她有一丝一毫的懈怠，反而更坚定了她的职业理想与努力方向，并为自己定下一个更大的目标：努力完善自己，以自己的力量、

▲ 工作中的张丹凤总是面带笑容，认真对待每一位顾客

能量与影响力，去改变人们对服务行业的固化认知，转变从业人员的服务理念，提升行业形象。自 2017 年当选为党代表起，她先后多次参加各类省市级别的宣讲，受邀到院校、企业进行宣讲累计 73 场，现场总人数达 1.65 万人次，直播总人数（含音频节目和网络直播）达 32.8 万人次，她将自己的职业理想与党的十九大精神深度结合，不断鼓舞、影响着更多的人。她的成长经历也激励了无数基层服务人员和酒店专业学子，让大家看到了做一行、爱一行、专一行的工匠精神，纷纷表示要向张丹凤学习。作为世界技能大赛广东首任酒店前厅接待项目裁判长，张丹凤一直注重加强和广东各旅游院校的沟通，帮助他们熟悉相关事务，使旅游业更好地服务大众。

2006 年 6 月，由于出色的工作表现，张丹凤为自己赢得了一次选派至美国康奈尔酒店管理学院参加项目发展管理课程深造学习的机会。康奈尔酒店管理学院成立于 1922 年，是常春藤联盟中唯一一家开设酒店管理领域的商业管理项目的学院，其课程设计、管理理念、管理方法等在世界均处于领先地位，在酒店服务行业从事者的眼中，不啻为“殿堂”般的存在，更有众多优秀的校友这样珍贵的人脉资源。能够在那里学习，张丹凤无比激动，也因此更加努力，在那里，她像一块干燥的海绵，努力汲取着每一滴知识的养分。像是走进了一个新的世界，不断探索，从身边每个人的身上、每一堂课中充实、更新、完善自我。学成归来后，她毫不吝惜地将自己的所习所得倾囊相授给同事，并将这些理论习得与白天鹅宾馆的实际情况结合，不断有新的创举。很快，她就被破格提拔为大堂副理，成为当时入馆时间最短、成长最快的年轻管理人员之一。

蛰伏，在梦开始的地方遇到更好的自己

2012年开始，白天鹅宾馆进入长达三年的停业更新改造期。作为“酒店业的黄埔军校”，从白天鹅走出去的人才自然是行业内众多企业眼中的“香饽饽”，也是很多人通向更高职位、获取更丰厚薪水的跳台。三年停业改造期间，张丹凤不是没有过这样的机会，不少企业都向她投来了“橄榄枝”，以高职高薪争取她的加入。对此，张丹凤坦言，面对各种诱惑她不是没有动摇过，但对白天鹅的热爱让她最终将自己全身心地投入到了宾馆的整体运营规划中。她深知坚持对于服务质量的重要性，但更多的是对白天鹅宾馆这么多年对自己的用心栽培心存感恩。她深知，将白天鹅建设成服务更好、层次更高的一流酒店所能收获的，是任何优越的诱惑条件都无法比拟的。

借着被调到白天鹅酒店集团营运部的机会，她学习客户关系的维护，努力从新的岗位中学习人力资源管理、品牌运营管理等方面的知识，提升自己作为一个“白天鹅人”的综合素质，将自己的目标更新为酒店管理的“全能手”并不断为之努力。

2015年，整修完成后的白天鹅宾馆以焕然一新的面貌示人。原

▲ 改造后的白天鹅宾馆

来的大堂副理组也改为宾客关系组，张丹凤担任高级宾客关系经理。身份角色的转换，不仅是对她工作的充分肯定，也赋予了她更强的责任与担当，张丹凤要求自己不但要在新的岗位上完善自己的综合专业素质，也要身体力行培养、影响新人，帮助他们建立起匠人的服务意识，增加他们对行业、企业文化的认同。

在新的职位上，张丹凤主管跟进贵宾客户和忠诚客户的维系工作，身居管理岗位，她本无须在任何细节之中亲力亲为，但她以整体、全局的眼光，从酒店的长远发展考虑，与宾客关系组各级别的管理人员一起编写职责职能和岗位操作流程、突发事件应急流程和新入职员工培训课件等，让工作标准看得见、摸得着，通过不断完善每一条细规、每一个细节，将事情做到尽善尽美。

张丹凤以其统领大局的眼光，知人善任、刚毅果断的领导能力以及亲和友善的个人魅力，使整个宾客关系组在她的带领下，形成了强大的合力，她的团队也以一个又一个成绩刷新着酒店的纪录。

在酒店业绩蒸蒸日上的同时，张丹凤始终未忘自己的初心，将塑造企业品牌文化、形象，作为“白天鹅人”的使命。出于对白天鹅宾馆与岭南文化的热爱，她开创了酒店导赏这一服务项目。将作为广州市重点文物保护单位的白天鹅宾馆打造成为一座鲜活的展览馆，从大堂的“故乡水”、玉船、漆画等摆设，到餐厅里每一道粤菜美食，其背后都有着她无数的匠心巧思，有着无数的故事。她与同事带着客人细细品味、欣赏着每一道菜品，回味着宾馆的每一个脚步，讲述每一种味道背后的用心。“要像介绍自己的家一样，介绍白天鹅”，这是她对自己和宾客关系组成员的要求，其用心，是让每一个宾客走进了白天鹅，就像走进了一个开启记忆的时光大门，让味道更浓郁、让服务更有温度。通过这些在细节之处的精微用心，将白天鹅打造成了一座城市的文化名片，延续其地标性建筑的历史与使命，增强员工对企业的认同感与自豪感，加强客人与酒店之间的情感联系。

或许有人已经习惯了现代化的那种制度管理模式，会觉得这些“多此一举”，客人要什么，提供什么就可以了。但在张丹凤看来，无论从事什么行业，都应该秉承精益求精的工匠精神。“其实工匠做的事情很微小，难的是日复一日的坚持，在坚持中，产品和作品会越来越好。”张丹凤说，作为直接服务于人的酒店行业，为客人提供匠心服务更应如此。

反复锤炼，宣讲之花璀璨绽放

人生充满了无数个偶然，这些偶然不经意间或许会成就一段传奇，回头望去，张丹凤觉得自己加入百姓宣讲团也是这样一段奇妙的经历。

对工作充满激情的张丹凤，对生活对理想同样有着极高的热情与追求，她认为，一个人做什么，跟她是一个什么样的人，有着什么样的思想境界、人生追求有着必然且重要的联系，如果一个人将自己的理想定得较低，那么在追梦的过程中就会限制了她的眼界与高度。张丹凤的人生道路上，眼界成就了她的卓越。早在参加工作的第二年，力求上进的张丹凤就被评为白天鹅宾馆优秀共产党员。2011 年首届“白天鹅形象大使”比赛中，她以出色的外形、干练的气质、全面的综合素质，以及言谈举止所表现出的自信，一举夺得“白天鹅形象大使”和“最佳气质奖”两项荣誉。2016 年，她又获评为“广东省旅游控股集团有限公司优秀党员”“广东省国资委优秀共产党员”。

“党员形象就是岗位形象，党员应该站在时代前列，爱岗敬业，忠诚有担当，在自己的行业里发挥先锋模范作用。将来，我会在自己的岗位上，切实贯彻党代会会议精神，做好本职工作，在工作中坚持学习理论和业务知识，不断提升个人知识与技能水平，在平凡的岗位上做出不平凡的贡献。”作为党员，张丹凤对自己的职业与党员的责任有着这样的理解。

从北京参加党的十九大回来后，张丹凤对自己的职业有了新的规划：“希望能够带领团队深入调研，探索消费需求转型，积极投入改革实践的一线，创新服务模式，擦亮民族酒店品牌。”

“工欲善其事必先利其器”，在张丹凤的理解中，这个“器”不仅仅是酒店管理的理论知识与实际能力，更是一种思想、境界上的能力。后者具有一种统领性的、更高层面的意义。这种理解在她参加完十九大之后更加强烈，那时候恰逢百姓宣讲团的组建，一直以这样的标准要求自己的张丹凤自然进入了广东省委宣传部讲师团的挑选视野，而她本人，也有着这样的诉求，一切水到渠成。

张丹凤的试讲让她顺利通过了选拔，之后她接受了系列宣讲培训，并被正式确定为省级宣讲员。在接下来两个月里，宣讲团一共做了 24 场宣讲报告。从第一场到最后一场，张丹凤从没有缺席过，她经常是来得最早的一个，有的时候提前一个小时到达现场。她总是拎着一台电脑，在等候上场的时候，充分利用每一分钟的时间，处理工作上的事情。在每次宣讲之前，她都会对自己的讲稿逐字逐句地斟酌修改，不管是对稿件的撰写打磨，还是宣讲语速、发声技巧乃至服饰妆容的搭配等，她对自己都有着极高的要求。讲师团其他成员一谈起她，都会竖起大拇指。为了提高自己的宣讲效果，在

▲　专家在为宣讲员进行宣讲培训

▲ 张丹凤在认真记录专家的点评

每次宣讲前，她都会一遍遍地找讲师团工作人员进行沟通交流，希望得到他们宝贵的建议；每次宣讲结束后听取专家组意见时，她对这得来不易的意见也倍加珍惜，“我既找到了自己的不足又看见了自己一次次的成长”。她总是不厌其烦地修改，将笼统的建议落实到稿件的细节中，在宣讲中做到非常自然的融合。“我们不留情面地对丹凤的稿件提出很多修改意见。第二天上场的时候，丹凤的稿件改了很多，但是依然能够做到脱稿。”广东省委宣传部讲师团的成员一提到这点都表示对丹凤的记忆能力和临场发挥能力感到惊讶。张丹凤认真踏实的态度，让大家很感动。她唯一一次对讲师团提的要求是，希望能把场次早点确定，这样她能提前安排一下工作。这让大家又一次赞叹张丹凤真是一位努力、认真、负责的“女神”。

在宣讲过程中，她就是白天鹅宾馆的形象大使，是白天鹅宾馆的化身，“重厚广容，精巧细腻”的企业文化在张丹凤的身上得到了完美的结合与体现。

随着一次次宣讲经验的积累，张丹凤更加得心应手，也通过宣讲更深入了解到人们最为关注的事情。热情宣讲，认真聆听，她的宣讲内容越来越贴合百姓的心声，反映他们最为迫切的诉求。在一次次台下听众会心的微笑与自发的掌声中，她越来越从容淡定。

2019 年 5 月 8 日，新时代文明实践广东“七个一百”精品项目下基层活动来到广州市从化区吕田镇莲麻村，在莲麻广场上，张丹凤从工作中的点滴小事着手，向观众分享了她的成长、她的努力与坚持、她的成就与自豪。

莲麻村是位于广州北部的一个特色小镇，森林覆盖率达 89%，环境宜人。本地居民因地制宜，结合政策红利，对小镇进行旅游业的开发，到目前为止，已经形成了二三十家形态不一、各具特色的民宿客栈，成为旅游区吸引游客、带动村经济发展、改善村民生活质量的一个个亮点。

在宣讲之余，一连三天，张丹凤都会抽时间走访当地的民宿客栈。“我对可持续生态旅游的研究倍感兴趣。高级酒店如果不能给客人带来惊喜，就不是真正的奢华酒店。在真正的奢华酒店里，人们并不谈论奢华，而是精神体验。这个理念放到现在非常火热的乡村民宿一样行得通。”在与村民的交谈中，她又一次更新了自己对于酒店管理的认识，同时也为政府对乡村发展的引导与支持非常感动，虽然是不一样的管理方式，不一样的规模，但服务无大小，事情无巨细，任何事情，只要能够做到与实际情况相结合，都会产生惊艳的效果。

在莲麻村的宣讲只是张丹凤无数次宣讲之一，她深信，在充满可能性的未来，通过百姓宣讲团的帮助，自己这只不忘初心的“白天鹅”，将飞往更广阔更辽远的天空。

宣讲稿　回到宣讲现场

张丹凤：光荣与梦想

大家好，2001 年时我考上了广州一所高校，就读酒店管理专业。第一堂专业课上班主任就告诉我们，白天鹅宾馆是我们专业的合作单位，每年毕业班专业成绩最好的 20 位学生都有机会去白天鹅宾馆

▼ 宣讲中的张丹凤

实习。

在学校的图书馆，我找到一本介绍白天鹅宾馆的书籍——《光荣与求索》，里面提到宾馆投资人霍英东先生在刚开业时就已要求“四门大开”，当时很多管理人员持反对意见，说：“一是走遍北京、上海，没有先例；二是安全、保卫工作不好做；三是损坏了物资谁负责？”霍英东说：“广州沙面是个很敏感的地方。以前就有所谓‘华人与狗不得入内’的租界历史。如今建了一家酒店，却不让咱们的老百姓进，与当年看不起中国人的洋人和买办有什么两样？北京、上海的酒店我们管不着！我只知道，国外的酒店都是向公众开放的，没有理由在一个人民当家作主的国度里，酒店却要对公众封闭！”虽然最后大家同意打开大门，但还有一些管理人员顾虑重重。开业第一天，宾馆直接负责人甚至采取了每人一元买门票进场抵茶资的做法。霍先生知道后愤怒了：“为什么要限制人进来？公众有什么好怕的呢？你说改革开放好，讲什么也没有亲眼看有说服力啊！我开酒店，我就希望让老百姓知道，中国会变好的，改革开放能给老百姓带来好日子。东西坏了可以修可以买，费用我给！”于是，只卖了一天的“门票”就此打住，“四门大开”的第一天，一大早，仿佛全广州的人都来了。那时保安上班，岗位旁边还备着外套和皮鞋，给光膀子和穿拖鞋的客人穿。每个保安还自带螺丝刀，因为当时有些客人为了让鞋子结实耐穿，鞋底打了铁掌。但白天鹅是大理石地面啊，不能让这类硬物划伤，所以保安要帮忙撬鞋掌以满足客人参观的要求。来大堂参观的客人实在太多了，一天下来，光大堂人挤人挤掉的鞋子就有好几箩筐，公共洗手间更是用掉了 400 卷厕纸。那时候家家户户用的厕纸，不是宾馆这种洁白柔软带有香味的，而是非常粗糙的黄色或者粉色的草纸，所以很多客人都偷偷撕下一些带回家当纪念品。

读完这些历史，我被“白天鹅人”“敢为天下先”和“以客为尊”的态度感动了，暗暗下定决心，一定要成为最优秀的学生，到白天鹅宾馆去。毕业那年，我以综合排名第一的成绩进入了白天鹅宾馆，先后在餐饮部和前厅部实习。

在餐饮部实习的第一个星期，我接到爸爸电话，问我在白天鹅每天都干什么。我老老实实回答：“洗茶壶、传菜、倒潲水桶。”即使看不到爸爸的表情，我也能深深体会到他的不解和失望：“家里供你读书那么多年，你现在告诉我你一个大学生在餐厅做服务员，天天倒潲水桶？你让我怎么去和亲戚们说啊？”我告诉爸爸，这里是白天鹅宾馆啊，国内所有酒店专业学子都向往工作的地方，中国第一家自己设计、自己建造、自己管理的中外合作酒店，业内人称“酒店业的黄埔军校”。我相信，只要我踏实肯干，做一行，爱一行，总不会错。爸爸见我那么坚持，也就没再多说什么，只放下一句话：希望你不要后悔自己的选择。

十四年了，说实在话，我动摇过，无数次。当看着每天因为长时间穿高跟鞋站立而变形的十根脚指头时，当一晚一晚的通宵班上完后对镜看脸色时，当昔日同窗说谁谁谁薪酬多少时，当遇到不讲道理打骂员工的客人时，当过年下班回到冷冷清清的家时……我，都动摇过。

但，我没有后悔。当手下一批又一批的实习生转正时说，留下，是因为喜欢白天鹅的人情味；当一位又一位的熟客拉着我们的手说，回来，是因为这里有家的感觉。

在白天鹅总会有很多瞬间，会让你充满暖意，想要去拥抱这个世界。2008年，我曾经用自己的手机为一对前来用餐庆祝金婚的夫妇拍下一张合照。四年后，老太太辗转联系上我，告诉我，老爷爷去世一年了，由于女儿的失误，家里唯独没有金婚纪念日的照片，每每想到这份遗憾，都让她痛不欲生。后来她想起白天鹅的一位经理曾经用自己的手机为他们拍了一张照片，可她不知道那么多年过去了，那位经理是否还在白天鹅，是否还保留那张照片？我迅速从电脑里找到了那张照片，给她寄出，老太太邀约，复业后见。2016年，老太太在儿女的陪伴下，带着那张照片前来，拉着我的手，泪眼婆娑，和我在当年拍摄处留下了一张合影。老太太说这张唯一的金婚合影照，抚慰了她的丧夫之痛，重燃了她对生活的追求。我没想到，当年的随手拍能给老人家带来这么大的安慰，老太太应该也没想到，她的故事同样也温暖了每一位“白天鹅人”，让我们看到了用心服务的意义，以及给了我扎根的底气。

去年，我当选十九大党代表的消息公布后，我给爸爸打电话说

▲　张丹凤帮助老人找到金婚纪念照

了这个消息，老人家愣了一下，笑着说："还真没想到，当服务员还能当出个党代表来。上一次咱县里出党代表，还是五十年前呢。闺女，我为你骄傲。"

我的坚守，不过是在延续前辈们的路。

文慧红，她入职时许下一个心愿，如果能在这家宾馆做到退休就好了，32 年后，她如愿以偿。

黄伟超，他和他爸爸都是我们宾馆的厨师，他们最开心的事就是看到客人吃光他们做的菜。

谢锦明，他和团队的司机曾经搭载过无数位国家领导人，最让他们津津乐道的那位是伊丽莎白二世。

肖远辉，宾馆的第一代门童，他总是和我们这些后辈们说，门童就是宾馆的脸面，要让客人一进门就能看到笑容，看到我们中国人的好客之道。

吕俊杰，我的师傅，擅长处理宾客投诉的她，不让宾客留下一丝遗憾。

和"白天鹅人"接触越深，你越发会在他们身上看到职业、专业和敬业，把客人满意看成是自己最高的荣誉。

对于很多老百姓来说，白天鹅宾馆是一个地标；可对于"白天鹅人"来说，白天鹅已经是我们生命里的一本故事书。它写满了我们和客人之间的故事，也写满了我们无数平凡日子里奋斗的骄傲。2014 年，广东旅游控股集团重组成立，白天鹅成为其中一员。过去四年，旅控集团实现了跨越式的发展，国企的使命担当得到充分凸显，这更加坚定了我们砥砺前行的信心。

一个时代催生了一家宾馆，一家宾馆见证了一个伟大的时代，而我，有幸在这个时代成长于“白天鹅”。也许，外面的世界足够精彩，但这里，最精彩的就是我们的世界。

▲　奋战在白天鹅宾馆其他岗位上的工作人员是张丹凤亲密如家人的伙伴

相关链接

【来源】南方日报

匠心服务
让客人享受回家的感觉

干练的马尾，灿烂的笑容，初见张丹凤就被她的笑容感染。前一天晚上两点入睡的她，一早把女儿送到幼儿园后，便来到白天鹅宾馆，穿上工装，在胸口别上党徽，抖擞精神开始一天的工作。

这是张丹凤在白天鹅宾馆工作的5000多个日夜中平凡的一天。在白天鹅宾馆工作了14年，张丹凤从当年礼宾岗上的小姑娘，成为雷厉风行的高级宾客关系经理，一个5岁孩子的母亲，也成为从白天鹅宾馆走出的第一位党的全国代表大会代表。

从备餐间到客房　关注每件小事

张丹凤趴在桌上仔细观察桌上摆放的点心——“天鹅酥”，发现哪里不对劲，随后拍下照片发给备餐的工作人员。白天鹅宾馆的客人还有两小时抵达，身为房务部宾客关系总监，张丹凤循例在宾客入住前进行第二次客房检查。在查看各项准备的细节后，张丹凤发现为客人准备的特色点心造型不规整，并且只准备了一副餐具，于是通知工作人员进行调整。

对于细节的注重，张丹凤甚至有点吹毛求疵，但在她看来这是服务业需要的工匠精神，认识到小事的本质，将工作做好。“我们时常说工匠精神，其实工匠做的事情很微小，难的是日复一日的坚持，在坚持中产品和作品会越来越好，并从中赋予它更深的价值。”

前不久，张丹凤回到母校和学弟学妹们分享服务行业的工作经验，不少同学问在酒店里那些枯燥的工作要做多久。

其实张丹凤和酒店工作的第一次亲密接触，就是在白天鹅宾馆风味餐厅的备餐间洗茶壶、倒潲水桶。但在做这些看似枯燥的工作时，张丹凤在想茶壶怎么洗得更快又不会被打碎，倒潲水有没有更好的方法，怎样和别人沟通寻求帮助。

坚持做好每一件小事，也让张丹凤在工作中得到了认可。入职白天鹅宾馆的第一年，她就获得白天鹅宾馆前台部技能大赛亚军，此后还获得了广东省系统和行业“窗口之星”等荣誉称号。

精益求精并不是服务的终点，身为共产党员的张丹凤在工作中一直以更加严格的标准要求自己。她希望，客人来到餐厅吃饭，不只看到菜名和一张图片，而是通过讲出的故事体验到食物被赋予的文化价值。她还希望，客人来白天鹅宾馆不仅是来住一间房，更希望他们能够领悟到这座城市的岭南特色文化。

喜欢思考爱动脑筋的张丹凤带领着团队探索工作方法，创新白天鹅宾馆的服务方式。她开始寻找每一道白天鹅宾馆美食的故事，整理出生动的美食解说词；带领着团队开始收集关于白天鹅宾馆的故事；带着录音笔跟着导赏团重游沙面，推出沙面导赏服务。

酒店在不少人眼中本是人来人往的歇脚处，张丹凤却用热爱和真心把过客变成了归人。

伴随新“白天鹅”一同起飞

为酒店的宾客提供优质的服务只是张丹凤工作的一部分。2015年，经过3年整修的白天鹅宾馆开张复业，张丹凤所在的大堂副理组调整为宾客关系组，职能也从服务重要宾客、处理投诉，扩展到管理在线点评、拓展会员业务。

宾客关系组接手在线点评工作以来，白天鹅宾馆的在线点评回复率从9%上涨到99%以上，从去年9月到今年9月一共回复了4000多条。张丹凤还要求每条回复都具有针对性：“每位写下点评的客人都值得感谢，而且我们的回复也可以让点评的客人感受到白天鹅宾馆对客人意见的重视。”

宾客关系组业务领域的转变，只是白天鹅宾馆新形象的缩影。复业后，白天鹅宾馆原有的843间客房被改造为520间。在硬件配套上，餐饮及宴会厅从13个调整为7个，但增加了宴会、商务会议及附属商场的面积，扩展了健康休闲空间。

看似减量的调整，却产生了不错的效果。白天鹅宾馆复业3个多月，营业额突破了1亿元。

对白天鹅宾馆和广东国企改革的发展前景，张丹凤充满了期待。当选十九大代表的她，也积极投入到白天鹅宾馆改革实践的第一线。张丹凤说，在接下来的履职中，她会关注酒店行业与国企运营的相关问题，希望可以为行业的发展出一份力。

宣讲员：杨　杰

我们守护的旅检通道，

是保护家园安宁，

祖国安定的重要途径，

是我们神圣的职责和光荣的使命！

第五篇

真事映照朴素的情怀

编者按语

身边的真事更动人。在百姓宣讲活动中，许多百姓宣讲员都没有专业宣讲的经历，但是他们用自己真实的事、朴实的话，打动了观众。杨杰就是其中的一员，她自身经历丰富，长期投身于志愿者工作，十年军队生涯的历练、部队“白衣天使”的工作经历，十八年如一日的一线海关旅检生涯，造就了她刚毅果敢而又平易近人的性格，锲而不舍、为民服务的精神，克己奉公、忠诚履职的职业担当。

由于在工作中有突出的业绩，她先后立功多次，职业生涯满载荣誉，并于2012年当选党的十八大代表。这些荣誉，对杨杰来说既是一种肯定，也是一种鞭策，意味着更重的责任与担当、更高标准的自我要求。这样丰富的人生经历就像是一本沉甸甸的书，厚积薄发，最后在宣讲中凝聚为一股极具真实又感人的强劲力量喷薄而出。

杨杰在收到参加百姓宣讲活动邀请时，除了激动之外，她更有着一种责任感驱使下的行动力，她做的第一件事就是去查找百姓宣讲团的相关信息。在有了一个宏观的了解与梳理后，她便打算连夜起草自己的宣讲稿。

点滴体现责任，实干彰显担当。工作中丰富的阅历，以及海关工作的特殊性，为杨杰起草宣讲稿带来大量的素材，但当她提笔要把自己天天接触的人与事写下来时，竟一时无从下手了。在自己脑海中那么多的故事，不知该如何选择。在困惑与纠结之时，是广东省委宣传部讲师团的指引给了她继续坚持的勇气与信心。讲师团看似轻描淡写的三言两语，对杨杰来说，如醍醐灌顶，使其豁然开朗。杨杰发现，宣讲的目的是用更接地气、更简洁质朴的语言，把自己的工作、工作中发生的人与事讲给大家听——讲工作中那些看起来不起眼的日常小事，故事无大小，重点在于情感的真挚！掌握了这一点，杨杰在撰写宣讲稿时，犹如打通了“任督二脉”，加上她情感真实生动、逻辑丝丝紧扣的表达，初次登台，便赢得了满堂彩。

初次登台便崭露风采的杨杰，在接下来的宣讲中，更是信心满满，为了让自己的宣讲更加生动有趣，为了让更多的人对自己的工作有更深切的认识，她不断与讲师团的工作人员沟通求教，不断与身边的同事斟酌讨论，深入了解大众的兴趣点与关切的话题，不断完善着自己的宣讲。一次次的宣讲便是一次次的积累、学习与成长，她越来越体味到，作为百姓宣讲团的一分子，她要用自己一次次的宣讲呈现出自己工作的真实场景。她的执着向我们展示出一种力求完美的责任感与担当。她的故事以小见大、以局部见整体，让大众感同身受，体会到每一位兢兢业业的工作者在自己工作岗位上付出与奋斗，让人们更直观地看到改革开放以来，在党的领导下，一个更加美好、充满生机的社会，以及她的进步与发展，她的和谐美好的前景。

▲ 2010 年 10 月，杨杰作为火炬手，传递第 18 棒亚运火炬

杨杰何许人也？她是广州车站海关关长，广州白云机场原海关旅检处处长。40 多年前，5 岁的她经历过唐山大地震，那段记忆，对于她来说，永远都不会磨灭：地震发生前，她的家刚刚从兰州迁回唐山，爸爸妈妈在医院里工作，一家人在医院附近一个小小的四合院平房里居住。地震发生后，门被堵住了，她的爸爸一脚踹开窗户，把她和哥哥救出来后，又带着他们去医院抢救病人。于是，幼小的她和哥哥也加入救援的队伍中，帮着大人们找水和食物，拿给有需要的人，学着给病人们喂水喂饭……地震之后，唐山成立了截瘫疗养院，学校组织学生们参加志愿活动，帮助地震中失去肢体的灾民。她成了其中一名年幼的志愿者，整个学生时代，她和同学们一直坚持着。经历了唐山大地震，人生之路再苦再累再悲惨，对于她来说也只是“小菜一碟”。

之后，她在部队历练了十一年，塑造了坚韧、执着的性格。2001 年，她由解放军医院的“白衣天使”转身变为白云机场海关的“缉毒英雄”。这段过程起初是痛苦的，因为工作环境和工作内容的转变，再加上身体上的劳累都让她很不适应。她来到旅检处，发现这里一站就是 12 个小时，小腿一到下午一按就有浮肿的感觉。她回到家里腿疼得睡不着，装桶热水泡脚，泡到大汗淋漓还是痛。最后没有办法只能靠止痛片，这种情况整整持续了一个月。

旅检，顾名思义就是对进出境人员的行李物品进行检查。查什么？查进出境人员有没有携带国家禁止进出境与限制进出境的物品，

▲ 白云机场内中国海关关口

为进出境人员办理海关手续等，同时向进出境人员宣传国家的进出境管理规定。杨杰深知，作为海关旅检岗位的关员，职责是保证国门安全。选择来海关，其中一个主要的原因就是海关是一个讲理想、讲奉献、重拼搏、重集体荣誉感的准军事化纪律部队，杨杰喜欢这样的集体。

也许冥冥之中仍有一种制服情结在，“很多人说海关的制服非常漂亮”，杨杰腼腆地笑着。

白云机场海关旅检处是全国海关系统赫赫有名的缉毒先进集体，而杨杰本人就是一名缉毒英雄。

庄严使命，缘起电话

生命里有些机缘，在你还来不及准备欢欣迎接时，就已经迫不及待地悄然而至了。

那天已过了下班时间，杨杰还在办公室忙碌着。这个与平常没有两样的日子里，一个电话的响起，彻底改写了这个日子的平常。杨杰柔和地接过电话：“喂，你好！”还没来得及询问对方，只见电话的那端急促地问她：“你是杨杰吗？”“我是杨杰。”然后电话那头很郑重地要求她：“你这两天写个宣讲稿出来，周日上午发给我们看看。”末了，电话那头才告诉她，来电者是广东省委宣传部讲师团的夏泽和主任，邀请她参加百姓宣讲。这个带着些许“命令”

▲ 杨杰对毒品进行化验

口吻的电话，让杨杰有点猝不及防，但听到是广东省委宣传部组织的百姓宣讲，工作繁忙的杨杰权衡了两秒，便接受了邀约。听起来，它是一个可以与普通市民面对面，宣传讲解海关职务职责的平台，虽然日程满满，杨杰还是觉得不能放弃这个机会。这一通电话，就像陌生又熟悉的“军令”，让曾为军人的杨杰顿生使命感。

而电话的那头，夏泽和主任也舒了一口气。

为了寻找一名合适的宣讲员，他们费尽苦心，每每要在期望与失望之间不断轮回。宣讲员的条件看似很简单，有代表性的故事，能上台演讲。但是能符合这两个条件的人并不多。讲师团为此奔波在中山、汕尾、梅州等多个城市，一直没有停止寻找优秀宣讲员的脚步。讲师团能够锁定杨杰，也是经过了周密的考量和斟酌。杨杰在海关这个看似平凡的岗位上屡立战功，凭借的不仅是兢兢业业的精神，还有对国家和人民的责任感。在她身上凝聚的不仅仅是普通劳动者对事业的热爱，还有国家公务员身上保家卫国的使命感。同时，杨杰在担任党的十八大代表期间做过“事迹报告”，具备一些演讲经验。这种种因素的结合，让讲师团毅然拨通了杨杰办公室的电话。

而杨杰之后的表现，也证明了讲师团慧眼识人。

向大众宣扬国家法规这样的机会，对于言出必行、事事都争取做到最好的杨杰来说，是不容有失的。从接到指示到写就宣讲稿，杨杰只花了一个周末的时间。

她能做到吗？对于无惧挑战的杨杰来说，答案是肯定的。

虽然之前有诸多演讲经验，但面对这次需要全程脱稿的演讲任务，杨杰感觉压力不小。刚开始时，杨杰还是为自己的能力感到担忧，不仅担忧还有了怀疑，“我觉得自己不是做宣讲员的料，但最终说服了自己。因为我觉得这能让百姓了解更多海关的工作，是拉近我们与百姓之间距离的契机”。“一开始，因为想讲的故事太多，到底选哪些，我不知所措。”杨杰困惑过，怀疑过自己的能力。在纠结不定的时候，单位的领导和省委宣传部讲师团工作人员对她的指引，让她对宣讲充满了信心。

从构思到撰写，酝酿故事就像酝酿一坛美酒。杨杰完成宣讲初稿后，第一时间想到的是发给广东省委宣传部讲师团，征求他们的意见。她完成后已经是夜里 11 点，当晚就把稿子发了过去，本来以为这么晚了不会马上有答复。没想到，十分钟后，夏泽和主任回复了信息：“你的文章有故事，但要讲典型故事，而且重点讲故事。把抽象的道理转化成鲜活的例子、生动的细节和真挚的情感，形成思想和心灵的双重共鸣。”

重点讲故事，那么，真正故事的内核是什么呢？杨杰陷入了沉思中。周日，杨杰又待在家里修改她手里的宣讲稿，思绪不由得飘到了她熟悉的旅检通道上。千里寻迹识破毒贩、现场外松内紧揪出不法分子……回忆定格在了那年 4 月 5 日的 22 时 30 分，广州白云国际机场四五个航班陆续抵达，国际大厅内人头攒动。这时，一名男性旅客引起了三科关员小邓的注意：这名旅客西装下搭配了一条黑灰色牛仔裤，裤腿处像是被剪刀生硬地剪掉了一截，布料的毛边还吊着几根线条，装扮极不协调。小邓带着疑问拿过这名旅客的护照，一边进行简要询问，一边快速地打量评估，脑子里快速地进行风险要素对碰，迅速锁定这名旅客为重点查验目标，并第一时间向正在查验区带班的杨杰望去。杨杰与小邓很有默契，接到小邓的重点查验信号后，立刻指引该旅客接受检查。

在这名旅客从 X 光机走到海关查验台这短暂的 4 米路程中，杨杰发现他走路姿态有些异常，下半身像是穿了棉裤一样异常臃肿。

“大热天里怎么还穿这么厚？”杨杰心里顿时生疑，“可能有诈！”经验丰富的杨杰心生一计，在走过这名旅客身边时装作不经意地碰一下他的腿——很硬！腿上一定绑有东西！

杨杰立即要求这名旅客掀开裤腿，裤子下面厚厚的夹层露出了一角！如此精心伪装，应该是毒品！杨杰随即要求关员将旅客带入海关调查房。进入调查房后，这名犯罪嫌疑人意识到事情即将败露，便绝望地瘫坐在椅子上。经过开拆化验，初步确定为毒品海洛因，净重达到 5879 克！

杨杰清楚旅检工作人员最难以忍受的是什么，是旅客的不理解，甚至是指责与谩骂。国门线上，不仅仅是她和同事与毒犯斗智斗勇的较量场，也是磨砺心智、百炼成钢的锻造炉。在这个重要的岗位上，有很多常人不了解的工作日常，举个例子，剪刀、榔头，甚至电钻，这些是旅检现场为开箱彻查而备下的工具，但同时也给关员带来几分危险，因为它们随时都有可能被事发败露的毒犯拿来作为伤害关员的利器。因此，每次她都要千叮嘱万嘱咐一定要保管好这些物品，当面开箱时，一定要先控制好嫌疑人，并且将工具放在嫌疑人够不着的位置。旅检现场不过方寸大小，十几米长的通道不仅是神圣的国门，更是没有硝烟的战场，关员必须在极其短暂的时间里破解蛛丝马迹，才能在与走私分子的较量中取得胜利。在她的带领下，旅检处提炼总结了“杨杰缉毒工作法”，并自主研发了一套海关空港口岸旅客风险分析系统，运用大数据加强缉毒信息研判专业化建设，提升整体查缉技能，实现团队“打得快、打得狠、打得准”。

当年，杨杰刚从部队转业到海关的时候，儿子还不到 3 岁，老人不能来身边帮忙照看，杨杰就和先生一狠心将儿子送进了幼儿园全托，这一托就是四年。年幼的儿子不愿离开妈妈的怀抱，不愿离开熟悉的家，每周一送去幼儿园时都哭得撕心裂肺。杨杰从来都不敢亲自送儿子去幼儿园，离家时，孩子在客厅里声嘶力竭，哭着、喊着找妈妈，她只能把自己锁在洗手间里偷偷抹眼泪。除了儿子外，杨杰对父亲也心存愧疚。2011 年 11 月，父亲心肌梗死住院，一度被送进了重症监护室。为了既能照顾好躺在病床上的父亲，又不耽误工作，杨杰没有声张，整个人像个陀螺整整忙了一个月。虽然不能时时陪着父亲，但是无论是上夜班还是白班，一有时间，她就会匆匆赶往医院照料父亲。短短一个月的时间，不停奔波于医院与机场之间，原本消瘦的杨杰显得越发憔悴，然而杨杰却毫无怨言，从

▲ 杨杰参加中国共产党第十八次全国代表大会

▲ 杨杰获得第七届广东省“十佳青年”称号

未向组织要求特殊照顾。到海关工作之后有十多个年头除夕夜不能和家人共度，杨杰却淡淡认为这些事对于旅检人来说，真的是很平常。

…………

那一幕幕经历，在杨杰脑海里不断闪现，她顿时文思泉涌，手指快速地敲打键盘，一直紧皱的眉头渐渐地舒展开了。她已经找到了故事开启的方式，她知道领导对她充满期待，观众对她充满期待。她自己对这场演讲，也充满了期待。

夜晚，灯光洒在她的脸上，她的手指在键盘上跳动着，故事，像电影一幕幕浮现……

这是没有终点的奋斗

杨杰已然记不得自己有多长时间没有休息了，自从“宣讲”这个词语闯进了她的生活里，她就忘记了周遭的风景。在她眼里，宣讲是一项务求出色完成的任务。短短十分钟的演讲稿，要浓缩海关工作的心路历程并非易事。每一张配图，每一段文字，每一个标点符号，都被她反复打磨检验。最后，一种成竹在胸的安全感代替了之前的焦虑。

离正式宣讲还有一段时间，杨杰在家对演讲稿进行反复诵读和默背。长期海关工作的职业习惯，养成了她事事严谨的作风。从表情到发音，她一丝不苟，在镜子面前进行了一番又一番的演练。末了，她把眼光落在那套熨烫得笔直的海关制服上。她不由自主地伸手抚摸这套代表无上荣耀的制服，明天就要穿着它，站上同样无比荣耀的百姓宣讲会讲坛，去向世人展现海关人的风采，展现海关人的苦与乐。指尖划过每一颗纽扣，像在检阅整装待发的部队。突然，她好像想起什么，起身拿来针线包，将一颗松了的纽扣仔细钉牢。一针一线，穿过扣眼，挑过衣襟，灯光下细心缝补的杨杰少了几分往日的刚毅，多了几分柔情。

一头短发、做事利落干练、作风雷厉风行，这就是杨杰。十多年前，杨杰从部队转业到广州海关，经历练了 18 年风雨，带领团队累计查获毒品案件 229 宗，抓获犯罪嫌疑人 200 余名，缴获海洛因等各类毒品 300 多公斤，更有数不清的违禁物品被其牢牢挡在国门之外。她出色的工作表现使她先后荣立个人二等功 1 次、个人三等功 6 次，获得世界海关组织“打击毒品走私先进关员”、“全国五一巾帼标兵”、“全国模范军队转业干部”、全国海关系统优秀共产党员、广东省创先争优“南粤先锋”优秀共产党员、广东省“三八红旗手”、“打击走私先进个人”、广东省直“青年岗位能手”、广东省“十佳青年”等荣誉，2010 年她当选了亚运火炬手，2012 年当选为党的十八大代表。

对杨杰来说，宣讲只是一种传播方式，真正的想法是要把海关的故事讲给更多的人听，让更多的百姓了解海关，理解海关关员的工作。

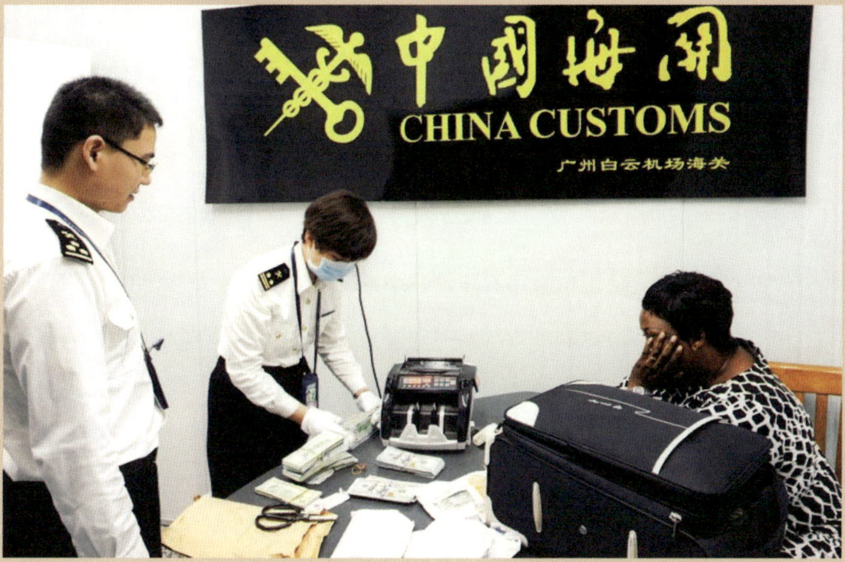

▲ 海关关员正在查验旅客物品

▲ 日常工作中的杨杰

众所周知，广州白云国际机场是国内最繁忙的航空枢纽机场之一，昼夜不眠，迎送着来自世界各地的旅客，而它，也是海关与毒品走私犯罪集团正面交锋的重要战场。

广州白云国际机场海关旅检处曾是一个只有几十个人、监管十几条国际客运航线的小科室，如今已是一个拥有近两百人的大处室，成为全国示范青年文明号集体、全国海关先进基层党组织、全国海关查缉毒品走私工作先进集体。它满载荣誉，不忘初心，砥砺前行，服务于每位往来的旅客，守护着祖国的南大门。

无论是凌晨还是深夜，广州白云国际机场的海关通道上，都可以看到着装整齐的旅检处关员。他们手势规范、用语文明，迎送着潮水般涌来的旅客。业务量的大幅增长曾给海关监管服务带来了压力，旅检处积极探索，向改革要动力、向创新要活力，先后推出了十余项改革攻关：在全国首创进出境开放式监管模式，在全国率先实施进出境“通程航班”监管模式，推行海关与检验检疫、安检等部门合作监管模式等，这些改革措施改善了旅客的通关体验，提升了通关效率。

杨杰说：“改革创新是我们浇灌文明之花的独有方式。新变化对我们来说，既是挑战又是机遇，通过改革创新来为广大进出境旅客提供更高效、更便捷、更优质的服务，是2018年‘青年文明号’创建过程中一直坚持在做的事情。”

2018年5月19日起，南方航空全面入驻广州白云国际机场T2

航站楼。T2航站楼日均进出境国际航班达到160余架次，进出境旅客约2.5万人次。作为全国首个在设计之初便考虑关检业务融合需求和“智慧海关”建设的航站楼，广大国际旅客感受到全新的自助申报、便捷缴税、智能中转、“零打扰”通关等全流程便捷通关体验。作为全新启用的具有国际先进水平的航站楼，海关的“黑科技”让过关旅客享受到了“零打扰”的通关体验。海关采取托运行李远程后台查验模式，运用全国旅检现场首个RFID行李追踪技术和人脸识别技术，开发利用行李追踪系统、通道感应器自动提示，辅助关员快速锁定高风险行李，精准布控走私分子。在卫生检疫区部署自助通道，自动探测体温，有效防控疫情。通过这些科技手段，海关就可以迅速将守法旅客和高风险旅客甄别开来，让守法旅客在不受“打扰”的情况下快速通关。

随着经济社会发展，在广州举办的国际性赛事、会议等重大活动越来越多。杨杰带领全处同志按照“安全”“优质”和“零投诉”的目标要求，克服长时间连续工作和高强度工作量的考验，用细致周到的服务为各项活动的安全、顺利进行保驾护航。近年来，杨杰和她所带领的团队，出色完成了奥运（奥残运）会安保、亚运（亚残运）会安保、世界大学生运动会安保、埃及和利比亚撤侨任务、辛亥革命100周年纪念活动、广交会、广东国际旅游节、2011年世界海关与商界论坛等国内外重大活动的通关监管任务，受到海内外旅客的一致好评，其中埃及和利比亚撤侨通关工作更是受到了外交部的表扬。

一直以来，杨杰带领旅检处全体成员认真落实海关总署提出的“五关建设”的要求。在杨杰的倡议下，由广州海关的党、团青年干部组成“杨杰志愿服务队”，牺牲休息时间开展志愿服务，帮助维持高峰期现场通关秩序，及时处理解决现场通关疑难，帮助旅客快速办理海关手续，创造高效便捷的通关环境……

了解这些背景，才能更好地体会杨杰宣讲的动人之处。

初次上台，百感交集

一到年底，每天过往广州白云国际机场海关旅检的旅客量会陡增。杨杰除了要应对紧张而忙碌的工作，她的心头还记挂着一件事：很快就要上台宣讲了。她的心里既是急盼的，又是紧张的，急盼着早点登台，讲讲海关，又怕自己准备得太过匆促，讲得不好。

她还清楚地记得在广州图书馆宣讲的那一次，她的宣讲稿还没完全背熟，每天利用休息时间对着镜子反复练习。宣讲会当天，杨杰一早来到了广州图书馆报告厅。候场室里，杨杰发现与她一同上台的宣讲员有些已经上台讲过好多次了，算是久经沙场的“老兵”了，而她只是初出茅庐的新手，自己能行吗？她不免有了一丝的担忧和紧张。

夏泽和看到她神色有些紧张，微笑着走过去鼓励她：“放心上台讲，只要把真情实感讲出来就可以了。”很显然，夏泽和的话给了她很大的鼓舞。怀着对海关工作的荣誉感，对宣讲工作的使命感，杨杰将自己调整至最佳状态向麦克风走去。

杨杰身着海关制服，身姿挺拔，眼神坚定。她深深吸了一口气，平息了刚才的慌乱和紧张，对着观众露出了美丽的微笑，还没开讲，台下已是掌声雷动，是她稳重的气场吸引了观众。掌声点燃了她的信心，也点亮了她生命里的故事。杨杰的宣讲，声情并茂。

广州白云国际机场海关旅检通道每天进出上万人，如果不能及时发现可疑的细节，要查人体藏毒者，犹如大海捞针。她讲到在机场检验，她的同事识破毒贩，猛追围堵，在抓捕返回途中，被气急败坏的毒贩狠狠地咬了一口，而这个毒贩刚好又是艾滋病患者时，大家都屏住了呼吸，静静地望着台上的杨杰，急切地想知道故事的进展。“我们守护的旅检通道，不仅仅是神圣的国门，也是没有硝烟的战场。”杨杰神情严肃，台下观众更是万分感动。

2010 年亚运前夕，轮休的杨杰约好丈夫，要赶在儿子开学前外出走走。可是，突然演练任务来了，休假被取消，外出彻底泡汤。儿子伤心地哭着喊：“你就是个不守信用的妈妈！”讲到这里，杨杰有点哽咽了，她停顿了下。而此时台下有些观众，眼睛湿润了。杨杰紧紧地握着话筒，试图控制住情绪。“对家人，我一直心存愧疚，尤其是儿子，365 天的轮班，黑白颠倒，让我这个做妈妈的常常只能与熟睡的儿子相见。可对于儿子来说，我是个错过他的比赛、错过他的家长会的‘不靠谱妈妈’。”杨杰也讲述着关于自己真实生

▲ 第一次在广州图书馆宣讲的杨杰

活中的一点一滴。现场的光线从观众席射向讲台，杨杰看不清台下的面孔，但她能感受到大家被打动了的表情。她差不多忘记了这是在演讲，而是在表达一个普通海关人的心里独白，是她心里想说的话。等她带着微笑健步走下宣讲台，那颗惴惴不安的心，才算得上是真正落了下来，安定了下来。

掌声此起彼伏，一直响，响成一首如诗的歌。

追求完美，数度易稿

有了初次的成功，就要有更出色的追求。那场宣讲会过后，夏泽和找到了杨杰，对她的宣讲稿提出了修改意见。杨杰当然知道必须再接再厉，把宣讲稿改得更好，她责无旁贷。

“宣讲稿总体要求就是上口入耳，一篇好的宣讲稿对宣讲员来说要可讲，对观众来说应好听。”夏泽和给出了自己的建议。

时值机构改革，杨杰工作的海关也在涉改单位之列。时间开始变得特别的珍贵，杨杰每天从早上 9 点一直工作到了晚上 9 点，几乎是“997”的节奏。每天她拖着疲惫的身躯回到家继续打磨稿子，喝着丈夫递过来的浓茶，强打精神修改、完善稿子。茶水温暖了她的胃，也提了她的神，她细细地品，慢慢地磨。

“我比较追求完美，哪怕一个词语，我都会抠出来细细琢磨是否妥当。”杨杰莞尔一笑，“宣讲会如同一场‘战争’，每次上场前都需要将武器测试好、擦拭干净。”比如，她反复斟酌如何设计开场白，并多次向讲师团请教。她认为，一个好的宣讲开头，能为整个宣讲定下基调。最终她决定采用直入主题的方式，开门见山，不说废话，语言精练。让大家对她的“国门线上的守护”记忆深刻。

当时，几经修改的 PPT，还吸纳了时任广东省委宣传部讲师团团长杜新山的意见，从开始的几十张图片到最后删减成十几张，杜团长的化繁为简、突出重点的意见，给了她很大的启发。她明白，宣讲稿只要主题明确，故事生动，能够讲到点子上，能够用故事打动人就可以了。图片只能引导和提示，重要的还是要把故事的精彩核心表达出来，让每个人感受到故事里的一人一物的真情实感。

杨杰更加深刻地理解了百姓宣讲的意义：就是要以百姓的视角、群众的语言，讲述在祖国发展历程中亲历的动人故事，以真人、真事、真心话、真感情、真感受，传递拼搏奋斗的社会正能量。

说起杨杰的工作，实在有太多正能量了。比如，政务公开，向旅客“介绍海关”；志愿服务，让旅客“熟悉海关”；“特需”服务，让白云机场海关成为“暖心海关”；再就是，接受监督，打造“文明海关”。每一项工作都是这位女子带领团队中每一位成员尽忠职守去完成的。

在杨杰心里，宣讲赋予了她一项特殊使命——讲好海关故事，做一面镜子，讲出自己，讲出别人，照亮世界。

淡定自如，察言观色

珠江南岸，第一次全国劳动大会旧址，广东省委宣传部讲师团组织的又一场百姓宣讲如期而至。杨杰化了淡妆，风度翩翩。

当看到台下坐着许多爷爷奶奶时，她稍稍停顿了一下，立即调整了自己的心态，一改以往的路线和风格，不再用正经地讲故事的宣讲方式，而是换成了像和邻居拉家常一样，语速和气息都特意放慢下来，尽量让台下这群特别的观众听明白，听懂她的宣讲。她用了完全不同的方式来讲述海关旅检关员鲜为人知的故事。

杨杰判断，这个群体应该对海关旅检关员这一职业不太清楚，她在宣讲一开始，就试图先激发起他们的兴趣。

出色的临场发挥，显示了杨杰作为一名海关关员的职业练达，这归功于她在海关旅检多年的经历，因为她碰到过形形色色的人。譬如，有人从她手里“抢钱”，指着她的鼻子质问“你凭什么抢我的东西！”；有人甚至摔东西发脾气，破口大骂，推推搡搡；还有人或威胁，或诱惑。这些经历，练就了她遇事不慌，善于察言观色的本领。平时在生活里的积累与沉淀再一次帮助了她。杨杰每次上宣讲台前，都会了解好本场观众的年龄、文化层次、职业，以此来选择宣讲的表达方式，说话的语调和节奏。

杨杰的宣讲技能，还得益于讲师团的指导。他们会一针见血地指出她在宣讲过程中的不足，也提出切实可行的建议。比如，宣讲

▲ 杨杰为宣讲做准备

前一定要弄清楚，观众是哪些人，他们想知道什么，需要听到什么。其实，要吸引观众必须要有针对性，宣讲员提出的问题是观众所关心的，要能让观众心悦诚服地接受。如果宣讲员讲得黏黏糊糊，观众听得迷迷糊糊，不但起不到预期的学习效果，还会对宣讲本身起到反作用。若宣讲员习惯性地把台下的观众都当做学生，换一批观众，突然就懵圈了。所以说，宣讲员上台前除了要背熟稿子之外，更为重要的就是了解观众，酝酿自己的感情，使自己的感情充沛，能够与现场的观众产生共鸣。讲师团精心安排的演讲培训班，也使杨杰的宣讲水平得到很大的提升。而那场宣讲会上，观众看到了另外一个发光的杨杰，她用她足够强大的生活经验和对宣讲的独特悟性，讲出了一个光芒四射的演讲专场。杨杰淡定自若，发挥得特别好。

无形之笔，会心之笑

让我们把时间调到 2019 年 1 月 9 日。美好在看不见的春天里萌芽、生长。

这是一个平常的日子，对于杨杰来说，却是可以铭记于心的。上午，在珠岛宾馆完成最后一场宣讲前，广东省委书记李希接见了六名宣讲员代表，其中一名就是杨杰。在简短的会谈中，杨杰深感省委领导对百姓宣讲工作的重视。

其实，杨杰的宣讲之路并不长，2018 年 12 月 14 日加入宣讲团到 2019 年 1 月 9 日，短短 18 天只有 5 场宣讲，比起其他队友，杨杰属于最晚加入的一个，也属于年纪偏大的一员，但她对这一切有深刻的感触，她知道有些机缘来了，就要好好地去珍惜、去努力、去热爱。

无论是台前还是台后，每一场宣讲下来，杨杰总会在自己的笔记本上归纳总结一番：我有幸成为其中的一员，不单是荣誉，更具有使命感和责任感，我们要通过讲述生活中点滴变化的切身感受，用故事承载思想，用思想激发兴趣，唱响新时代的好声音。她觉得，每一次宣讲都是一次磨砺，一次学习，一次成长。如果把宣讲看成是一本书，那么翻开这本书的就是台下的观众。所以，她要把这本书写好，讲好。

让杨杰最为感动的是珠岛宾馆的最后一场宣讲，她的几个同事专程过来给她鼓劲加油。当她在台上讲到海关旅检工作忙，除夕夜不能和家人共度时，她发现，台下一位 90 后的同事，竟然用手不停地拭眼泪。

后来，那位小同事跟杨杰说，那场宣讲会接地气，引起了他的强烈共鸣，使他对自己的职业有了更深刻的认同感和使命感。

宣讲员都是普通人，都是能够扛得住压力的普通人，但每一名宣讲员都要有自己的思想，这不仅要有很强的学习力，还要有强大的自我修正力。

“我属于老同志中的新人，跟他们比起来，我没有什么优势可言，但讲师团的老师们一直给予我莫大的鼓励，给了我很大的信心和勇气，也给了我最大的宽容。”

归纳总结，知道自己的不足，才能在下一场宣讲及时改正过来。杨杰深知这一点。

杨杰还深切地感受到广东省委宣传部讲师团强有力的组织协调能力，宣讲员台前的完美展现，离不开讲师团成员幕后默默的付出。为了能够精准地找出宣讲稿和 PPT 中的问题，讲师团多次开会进行模拟宣讲，宣讲员不在场时，讲师团成员便替代宣讲员朗诵讲稿，其他成员边听边提意见，众人合力，力求尽善尽美。杨杰打了一个形象的比方：“我觉得讲师团就像一支无形的笔，在精心地勾勒百姓故事这篇文章，从宣讲员的挑选到稿子的修改成型，从观众需求的把握到主题的选择，讲师团方方面面都考虑得很周全。他们每次提出的建议，都非常具有针对性，可以说，一路上都是‘边打仗，边提高射击水平’的节奏。”杨杰语气里流溢出满满的感激之情。每每谈及参与百姓宣讲团的这段经历，杨杰无不意气风发：“每一个参与百姓宣讲的普通人得到的成长、结下的友谊、受到的启发、获得的经验和正能量，都将是人生宝贵的财富。”

▲ 模拟宣讲会

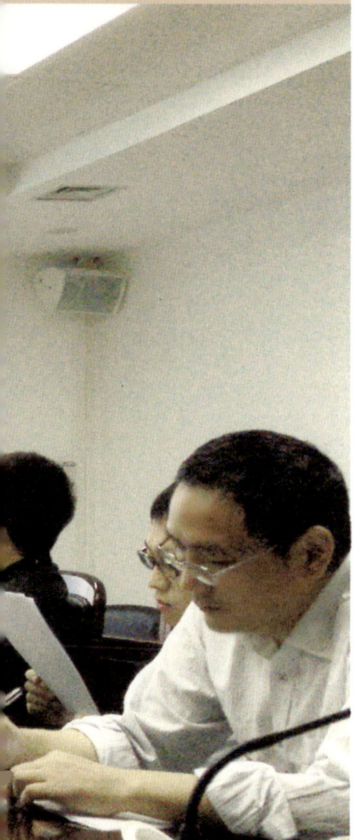

广东省庆祝改革开放四十周年百姓宣讲会
杨杰

宣讲稿

回到宣讲现场

杨杰：国门线上的守护

大家好！我是杨杰，来自广州海关，2001 年从部队转业到广州白云机场海关旅检岗位工作至今。今天，我和大家分享的就是在机场这道国门线上的故事，这是海关的故事，也是广东的故事，是改革开放和“一带一路”这个大故事里的重要细节和组成部分。

海关旅检究竟是干什么的？我们的一项主要职责就是对进出境

▼ 杨杰正在宣讲

人员及其行李物品进行监管。我们一起看一段视频，视频中的旅客来自非洲，查验过程中，我们怀疑他人体藏毒，正准备进一步检查时，他突然冲向出口。不容思考，关员拔腿就追，我们追着嫌疑人越过一米高的栏杆，穿过 7 条川流不息的车道，最后在停车场的绿化带抓住了他。谁也没有想到，返回途中，气急败坏的他狠狠地咬了关员一口，当时大伙都处在抓获嫌疑人的紧张与兴奋中，没有人意识到危险已悄悄靠近……很快我们得知这名毒贩是个艾滋病患者，现场的气氛突然变得异常凝重。紧接着，被咬的关员每个月都要去抽血，每次大家都很紧张，生怕听到不好的消息。半年之后被咬的关员确诊没有被感染，我们才如释重负。

这只是冰山一角。在这个旅检现场，缉毒的故事时有发生。贩毒团伙丧尽天良，不但团伙成员铤而走险，还利用老人、孩子、孕妇等各类特殊人群来带毒，甚至利用艾滋病、肺结核、淋病、梅毒等高危传染病患者，令人发指！而我们的关员经常要与他们近距离接触，危险无处不在。我们守护的旅检通道，不仅仅是神圣的国门，更是没有硝烟的战场！在很长一段时间里，因为担心安全，我们反复叮咛关员不得穿关服下班，尽量减少到外国人多的区域活动。而我和我的同事们多年来站在旅检通道上，从来没有退缩，因为我们都知道，不能退！

为了更有效地打击毒品走私，广州海关开展了一场缉毒专项行动，代号叫“猎鹰”，意喻“盘旋在国门上空的缉毒雄鹰”，这个专项行动从2006年9月查获第一宗人体藏毒案件开始，一直到今天还在继续，这是中国海关缉毒史上持续时间最长的一次专项行动。2006年以来，4个旅检科，60人的团队，我们先后查获了毒品走私案件700多宗，缴获毒品1.9吨！超过全国海关旅检渠道的百分之三十。大家可能想象不到，我们查到的最大一宗人体藏毒案，一个人就吞了毒丸2100克。2100克啊，会使多少家庭妻离子散，家破人亡！不同于“湄公河行动”的轰轰烈烈，海关的缉毒行动就是这样一场立足于国门口岸的缉毒持久战。如今，“猎鹰”依然盘旋在国门上空警惕着、行动着！

除了打击走私，我们一直还在努力的是让绝大多数守法的旅客方便快捷地通关！经常从白云机场进出的旅客可能会有印象，2005年，是个分水岭。广州海关率先启动出境“远程后台查验模式”。旅客在办理值机手续的同时，海关的监管也在后台完成。彻底改变了旅客先接受海关检查再去托运行李的出境流程。当时的新闻有一句这样的报道：广州白云机场海关在新的流程上向后“退”一小步，却是传统海关旅检出境监管模式改革中迈出的一大步。

因为长年倒班，同事们的身体都会有些状况，但这都能克服，最难熬的是亲情这一关。还记得2010年，亚运前夕，第二天可以轮休，我和丈夫约好，要赶在儿子开学前外出走走，可是突然演练任务来了，休息取消，外出安排彻底泡汤，儿子伤心地哭着喊：“你就是个不守信用的妈妈！”对家人，我一直心存愧疚，尤其是儿子，

365天的轮班，黑白颠倒，让我这个做妈妈的常常只能与熟睡的儿子相见。可对于儿子来说，我是个错过他的比赛、错过他的家长会的“不靠谱妈妈”。春节，是中国人心中最重要的节日，回老家探亲是家里人特别渴望的事情。可是，旅检里，春节是要上班呐！一晃，十几年！不是年三十晚上在岗位上，就是大年初一在通道中！有的时候我也想，一定不能再错过。然而，岗位仍是需要值守的。

记得有一年守岁，当零点的钟声敲响时，一名女关员偷偷走到现场的角落抹眼泪，我是过来人，知道她是想家人，想孩子了。意想不到的是，年初一早上，一个稚嫩的声音出现在门口，昨晚的关员一下子愣住了，原来是孩子在爸爸的陪伴下，一早来机场接妈妈下班，在场的同事们眼眶都湿了。

我发现一个现象，每次查到毒品案件后，关员都会在朋友圈里发风景照。有时是黎明的跑道，曙光乍现；有时是深夜里灯火通明的机场，人头攒动；有时是沐浴在明媚阳光下的广州街道和建筑。

每次看到这些，我都会深深意识到，在我们的身后，是一座可爱的城市，美丽的家园，强大的祖国，这是我们深爱的一切！习近平总书记说过，奋斗本身就是一种幸福。能够保护家园的安宁，祖国的安定，这是我们神圣的职责和光荣的使命，也是我们为之奋斗的幸福人生！

相关链接

【来源】中国网

杨杰：从“白衣天使”到“缉毒女杰”

广州白云机场海关旅检科长杨杰如今已是海关系统业绩卓著的缉毒女杰，然而初入海关缉毒战线的杨杰却曾手足无措过。

苦练真功

进入广州海关之前，杨杰是军中一名“白衣天使”。杨杰初入海关时，对查缉毒品一无所知。第一次站在旅检通道上，面对汹涌而至的人流，她显得手足无措，无从入手。

“没有过硬的业务知识，只凭热情是干不好海关工作的。”杨杰深知，没有真本领，一切都是空谈。于是她暗下决心，从零开始，苦练基本功。

航班间歇大家去休息了，她围着X光机转，拿各种各样的实物反复过机，总结X光机判图规律。经常请同事用各种方式在身上藏匿物品，或走动，或站立，摸索人体绑藏的识别要领。一有空就泡在网上查找毒品的相关资料，掌握世界范围内毒品走私的基本情况。逐一分析以往现场查获毒品的案件资料，从物品图像、航班路线、机票护照、出发时间等等海量信息中搜寻风险点。参与案件查办，观察嫌疑人的心理活动变化，与同事探讨毒犯心理活动规律，琢磨与贩毒嫌疑人斗智斗勇的策略。

旅检24小时通关，没有周末没有节假日，一站就是12个小时，为了掌握查缉基本功，杨杰顾不得双腿浮肿，硬是凭着那份“咬定青山不放松”的执着，克服了一个又一个难关，很快就进入了角色。

一分耕耘，一分收获。2005年5月14日是她永远不会忘记的日子。那天，她首次和毒贩正面交锋，识破重重伪装，取得缉毒斗争的首场胜利。当日下午，她在过机检查一名南亚旅客的行李时，发现行李箱X光机图像有些异常。打开箱子一看，里面装满了玩具公仔、爽身粉和儿童橡皮泥等物品，乍一看并没有什么特别。于是她边翻看护照，边问话，边用眼角余光留意男子的神情。男子显得很紧张，始终不敢正视杨杰的眼睛，当杨杰故意示意他可以合上行李箱时，他紧锁的眉头一展，眼睛闪过一丝如释重负的神色。

有意的试探验证了杨杰的猜测。于是她再次打开行李箱，仔细查看行李箱中的每一样物品。这一查把杨杰惊住了，这名旅客携带的玩具公仔、爽身粉、儿童橡皮泥等16种物品中都藏匿了一种白色的晶体，经化验竟是毒品氯胺酮，也就是人们俗称的K粉，总共10 640克。这是海关旅检入境渠道至今查获氯胺酮数量最多的案件。

“猎鹰”高手

首战告捷并没有使杨杰沾沾自喜。永远保持高度警惕和旺盛战斗力的特有品质促使她不断有新的突破。2006年，毒品走私出现了新情况，毒贩将毒品制成毒丸和胶囊，或绑在体表，或塞入体内，或吞入腹中。面对国际贩毒的新形势、新特点，她深深意识到只有做到敌强我更强才能掌握主动权。

当年9月份，海关总署开展了代号为“猎鹰”的打击人体藏毒专项行动。9月11日，杨杰主动出击，一举查获首宗人体藏毒案。在随后的3个月内，她乘胜追击，屡战屡胜，连续查获6宗毒品走私案，因此被海关总署记集体一等功。

2007年3月15日，杨杰再立战功，在同一航班一次抓获4名毒贩，又创下了中国海关空港口岸缉毒之最。当晚9时30分左右，杨杰站在海关通道口，监管来自香港的航班。突然，一个异常现象引起了她的注意，一名背着黑色背包、穿黄色长袍的非洲籍旅客从二楼走下来后，没有去取行李，而是直奔海关而来。转瞬间，那名“黄袍客”已到眼前。杨杰边翻看着这位“黄袍客”的护照，边用眼角余光观察。很快发现“黄袍客”拿着机票的左手在微微颤抖。显然有异常，杨杰直接将这名“黄袍客”交给了查验岗位关员。此后的3分钟内，她又截住了两名非洲籍旅客“白衬衣”和“紫袍客”。

发现“白衬衣”的行李里赫然藏着几十颗毒丸，她迅速组织关员展开突审，得到仍有同行人的信息后，杨杰立即带领两名执勤人员冲出海关查验区，将弓身欲坐进出租车的另一名嫌疑人带回了海关查验区，将4名毒贩一网打尽。

147粒纽扣中的猫腻

常言道：一花独放不是春，百花齐放春满园。担任科长后，杨杰在不断提高业务技能的情况下，还积极做好传帮带工作。

2009年2月20日，杨杰带领着科室关员如往常一样来到灯火通明的机场国际到达大厅快速交接班后，开始进入了紧张繁忙的夜班查验工作。在熙熙攘攘的人群中，一名穿着时髦俏丽的菲律宾女士进入了选查岗位年轻关员小杜的视线，小杜脑子里闪了一下疑问：“一个时髦的年轻女郎居然带这么简单、破旧的行李袋？”疑问刚闪过，小杜立即向在不远处查验区的杨杰望去，只见杨杰向她微微地点了点头，“应该有问题！”与杨杰的眼神交流坚定了小杜的判断。随即，小杜将该名菲律宾女士带进了查验区，通过利用X光机检查该名旅客的行李箱，杨杰和科内其他查验关员都断定这行李箱里面的几双男士拖鞋鞋底内夹藏有物品，经过穿刺检查发现，证实了里面藏匿了毒品海洛因。

随后不久，杨杰又凭借着几张连号的钞票将5名毒贩一网打尽，依据一双长满老茧的手使毒贩现出原形。2010年她所带科室查获各类案件110宗，缴获毒品113公斤，以实际行动为国家安定、经济社会发展保驾护航。

10年弹指一挥间，杨杰由一名“门外汉”迅速成长为一名业务能手，在自己的岗位上屡建功勋。先后荣立集体一等功1次、个人二等功1次、个人三等功6次。2011年被中华全国总工会授予“全国五一巾帼标兵”光荣称号。

▲ 广东省委宣传部讲师团团队成员与百姓宣讲员合影留念

宣讲员：王　倩

坚定文化自信，讲好中国故事，

推动中国方案，解决世界问题。

我是记者，

我会用我的笔一直记录，

我会用我的口不断讲述，

记录下中国人对全人类的贡献。

第六篇

锤炼脚力 记录真实

编者按语

在2016年党的新闻舆论工作座谈会上，习近平总书记指出，好的新闻报道，要靠好的作风、文风来完成，靠好的脚力、眼力、脑力、笔力得来。脚力就是迈开双脚到群众中去、到实践中去。只有锤炼过硬的脚力，行千山万水，吃千辛万苦，写出的文章才会生动鲜活，才能起到春风化雨、润物无声的效果。

新闻是“走出来的”。《羊城晚报》记者王倩宣讲的《中国方案　丝路情怀》，讲述的是广州中医药大学首席教授、中国青蒿素类药物临床研究主持人李国桥，及其学生民营企业家朱拉伊十几年在非洲抗击疟疾的动人故事。这个故事深深感动了王倩。为了采写好这个故事，王倩追了三年，追了一万多公里，发表了近十万字的报道，《人民日报》、新华社、中央电视台都争相报道，李国桥、朱拉伊这对师徒的故事从鲜为人知变成广为传播。

▲　正在宣讲的王倩

在王倩的宣讲中，打动观众心扉的，不仅仅是李国桥团队体现的国际主义精神和关怀非洲百姓的人道主义精神，更是我们的国家走向世界舞台中央发挥积极作用的昂扬姿态。在宣讲中，王倩经常提及的一句话是："两百年前，西方列强是用坚船利炮轰开中国市场的大门；两百年后，中国商人送医送药、治病救人，用爱和希望赢得非洲人民的尊重！"

21世纪以来，中国从世界第九大经济体跃升至第二大经济体。随着经济实力的提升，中国的影响力不断增强，尤其在世界经济复苏乏力、全球治理体系亟待变革的当口，国际社会一次次将目光投向中国，瞩望中国怎么看、怎么办。王倩的宣讲很好地回答了这个问题。透过王倩的宣讲，观众能深深体会到，一个曾经创造了灿烂文明、为人类做出了卓越贡献的伟大民族，有责任也有能力再次向世界贡献中国智慧和中国力量，在解决人类面对的世界性难题时提供中国方案。一个负责任大国形象在观众的脑海中也愈加清晰，观众能体会到作为一个中国人的民族自豪感。中国的科学家和民营企业家对非洲进行无私的援助，这其中展现出的中华民族的仁善之美，是这个故事最动人的部分。

"脚下有泥土，笔下见真情。"王倩通过脚力的锤炼为观众提供了一段动人的故事。王倩的讲述，有一种唤醒效应。那许许多多奋斗在我们伟大祖国科研、生产第一线的劳动者的故事，以及在此之中感人肺腑的奋进精神，都会在刹那间被唤醒。这种精神是推动我国改革开放和社会主义现代化建设的宝贵财富，也必将产生巨大的推动力量。弘扬这种精神是我们每一个人的责任。

这一切也告诉我们，百姓宣讲最容易深入百姓内心。在当今的中国，每个角落，每一天都有精彩的故事在上演。只有深入百姓，深入一线，将话筒更多地递给百姓，并用小视角反映大变化，用小切口呈现大主题，用小事例承载大内涵，这样讲出来的故事才会精彩生动，也才能为社会凝聚共识，为改革汇聚合力。

▲ 王倩在白云区文化馆宣讲

掌声，经久不息，响彻宣讲报告会现场，为广州中医药大学首席教授、中国青蒿素类药物临床研究主持人李国桥及民营企业家朱拉伊十几年来将青蒿素带到非洲抗击疟疾的动人故事而响起。

泪水，无法自已，挂在许多现场观众脸上，为李国桥以身试药、两次往自己体内注射疟原虫、第二次甚至留下了遗书、只要求逝世后在花圈上画上一只疟原虫等众多情节而流。

自豪，油然而生，为来自中国的青蒿素药物和抗疟方案获得世界卫生组织接纳和推广，成为“一带一路”上一张闪亮的名片而骄傲。该方案让非洲国家科摩罗疟疾发病率下降了99%，第一次实现了年度零死亡，由此被世界卫生组织写入《全球消除疟疾指南》，正式向全球推广。

记录并讲述这些故事的是羊城晚报社政文部采访室主任、主任记者王倩。是她，冒险远赴非洲，寻访上百人，发表了近十万字的报道，记录了中国医者在非洲土地上真实动人的抗疟故事。她的报道不仅获得了中国新闻奖，更得到中宣部阅评表扬，并形成内参，成为推动政策制定的重要参考。

▲ 央视《新闻联播》报道王倩宣讲

故事不只在纸上。王倩以此为题，开始了全国巡讲，她在中共中央宣传部和中华全国新闻工作者协会等四部门主办的第四届“好记者讲好故事”活动和广东省庆祝改革开放40周年百姓宣讲会现场宣讲过，在北京、宁波、南昌等城市宣讲过，也到惠州市博罗县观背村宣讲过，甚至还上了《新闻联播》。

王倩说，“把采访到的精彩故事讲给大家听，老百姓想听，爱听”，“宣讲的过程让我更加了解老百姓对报道的感想，让我更加明确今后工作的方向——只有来自土地的鲜活新闻才是最有生命力和传播力的”。

2017年之前，王倩是一名天天键盘不离手的记者，写写写是她的本职工作，也是表达的主要方式。“我很爱和采访对象聊天，但在我看来，说话是为写稿服务的。”王倩说。

宣讲背后的故事

一切在2017年发生了改变。这一年，王倩参加了第四届“好记者讲好故事”比赛及巡讲活动，从7月到12月，整整半年的时间。从那之后，作为传媒人，她好像打开了新世界的大门——说话本身就是传播的重要方式。这个看似人人都会的功能究竟如何才能为传播服务？她开始了边学边讲、边讲边学的全新体验。

结束了“好记者讲好故事”全国巡讲的王倩已经全身心投入了

新闻工作中，2018 年快要过去的时候，她又接到一个通知，让她到广州市白云区文化馆进行宣讲。

“去之前并不清楚目的，而且有半年没讲了，准备不算很充分。”王倩回想起那一次，还有些遗憾。

那一天，身高一米七的王倩穿一件白衬衫加牛仔裤就上台了，随性的风格和出众的外表让她显得格外抢眼。和王倩以前讲过的很多场都不一样，偌大的会场观众只有寥寥数人，这让王倩很疑惑，但她并不敢大意，依然激情饱满地完成了宣讲。时隔半年，讲起自己亲手写下的故事仍然让她心情澎湃。

王倩其时并不知道，当时为数不多的观众中，就有时任广东省委宣传部讲师团团长杜新山。

在第一轮的百姓宣讲中，王倩是最后一个被讲师团敲定的选手。“好记者讲好故事”中的优秀选手，复旦大学的高材生，出众的气质，确实给了讲师团很多惊喜。讲师团希望她根据改革开放 40 周年的主题，进一步修改稿件，提高宣讲水平，为广东省百姓宣讲做准备！

新的任务让她精神为之一振，也提出了更高的挑战——从行业内的切磋，到向老百姓宣讲的实战，对王倩来说，这又是一次重要的提升和锻炼，一次从传播理论到职业精神的历练和洗礼。

在王倩的电脑里，“宣讲”是一个单独的文件夹，里面的文件数量超过 100 个，其中，正式使用过的演讲稿定稿版本有 25 个，

PPT 定稿版本有 9 个。

在做 ppt 的时候，讲师团的领导提出要加入王倩在非洲工作时的照片，她说几乎没有。因为在拍现场的时候，她几乎不会进入镜头，怕打扰到被采访者。所以远赴非洲长达几个月的采访，没有一张像样的工作照。这让大家看到了她在工作中的态度，不刻意留痕，低调不浮夸。

作为一名一线记者，王倩 2017 年在《羊城晚报》（不含新媒体）的见报字数超过 40 万字。而一个 10 分钟左右的演讲，王倩精密测算过很多次，以她的语速，最多说 2000 字。半年时间，她可以发表几十万字的报道，但这短短的演讲稿，却整整打磨了超过 200 天，实际上，推翻重写至少 6 次，修改次数超过 50 次。

王倩说，这个过程看起来很磨人，却让她收获最大。

由于《羊城晚报》对于青蒿素的报道时间长跨度大，整个新闻事件涉及的人物众多、逻辑线复杂，在一个大主题下分支出很多次生主题，这么短的演讲要讲什么?

这个问题，王倩思考了很久很久，慢慢地她发现，关键在于，如何训练自己换一种思维，跳出职业桎梏或者说是平面传播局限，讲好这个故事。

作为文字记者，书面表达是王倩的长项，比较擅长对逻辑性强、需要大量理性思维的问题进行阐述。比如，她在《羊城晚报》对青蒿素的有关报道长达数万字，可以较为全面深入准确地对一个复杂事件进行展现。但是，现在只能用短短一千多字把这件事说给大家听，所需要的叙事逻辑和手段则完全不同，突出的细节也完全不同，观众对听觉信息的抓取方式也和对文字信息的阅读方式完全不同。

此外，还有音视频材料的制作和展示，个体形象的包装和呈现，以及发声、表演等，王倩都从头学起。无论是在参加比赛过程中，还是在各种宣讲活动中，她总是从开始听到结束，每一位演讲者的展示，对她来说都是一堂生动的现场课。

百姓宣讲，最难的就是面对的观众非常多样，在广州市从化区莲麻村宣讲时，面对的是最基层的村民，王倩不免担心：他们对我要讲的医学科研、“一带一路”会感兴趣吗？于是，那次宣讲她再一次颠覆了准备好的演讲稿，用更为口语化和通俗的方式，和村民“聊天”。

她担心的事并没有发生，村民们听得两眼放光，没有人看手机，从头到尾都双手交叉像小学生上课一样坐直了身体盯着她。“我知道，他们听进去了。”那一次，王倩还鼓励会说客家话的张丹凤直接用客家话宣讲，让五星级的白天鹅飞进客家山村人的心里。

在中共三大会址、农讲所等地参加“红色大讲堂”的基层宣讲，和大规模的报告厅宣讲不同，都是很小的会议室，观众人数一般都很少，而且是流动性的。记得在农讲所的一次宣讲，由于观众临时安排有变，王倩那一场只有五个观众，连第一排都没有坐满。这次，她又改变了宣讲形式，增加了更多互动和交流，最后宣讲的时间反而比常规长了很多。讲完以后，这五位观众都争先和她交换名片。

当时安排宣讲人的出场顺序的时候，时任讲师团团长杜新山召集讲师团成员讨论了好久。第一个出场的人员，非常重要，奠定了整场宣讲会的基调，也是能否抓住观众的关键。第一个出场的最容易紧张，所以一定要是发挥最稳定的那一个，但情绪又不能太张扬，第一个太张扬的话，后面的情绪平静下去，很容易造成高开低走的效果。想了很久，王倩无疑是最合适开场的人选。几场宣讲会，王倩都是第一个出场。

很多人并不知道，在参加广东省百姓宣讲活动的前半程，王倩一直在生病住院，多日高烧不退，吃饭都变成一件困难的事，王倩却一遍又一遍在病床上修改宣讲稿。“改革开放，这是我之前无论在报道还是在‘好记者讲好故事’中都没有提及过的元素，”闭上眼睛，王倩感到眼皮都烧得发烫，“可是我怎么就没想到呢！青蒿素药物正是在改革开放四十年的历程中，诞生、发展、成熟起来的呀！没有改革开放，没有‘一带一路’，又怎么会有今天中国方案对世界的贡献？”

几年来，青蒿素几乎成了王倩工作生活中的一个主要关键词，但她依然像学生一样不断学习。“杜部长和夏主任对我的启发很大，不仅是对宣讲主题的启发，更是对我今后报道方向的启发。”王倩说。

这种新主题新方向带来的兴奋感鼓舞了病榻上的王倩，她不顾医生劝阻，数次拔掉输液针头，溜出医院，走上宣讲台。

王倩留给大家印象最深刻的，是在广州文化公园宣讲的那场。那一场，王倩刚做完手术，平时开着车来参加宣讲会的她此时已经没办法握方向盘了。那次她第一次对讲师团提出了要求，希望能派车接她。

能参加那场宣讲会着实不易。讲师团写了邀请函，提供了证明，医院才肯放她出来。在休息室看到她的时候，她手背上有明显打点滴留下的针眼，还不停地咳嗽。

那一场，王倩没有脱稿。上场前，她划拉着平板电脑和讲师团的工作人员讨论 ppt 该插入的位置。上场之后她出现了唯一一次卡壳，观众并不知道，她停顿的几秒钟里，其实正在忍受剧烈的腹痛，好在舞台离观众比较远，没有看到她浮肿的脸上冷汗直流……

之后的几场宣讲，王倩的身体一直没完全恢复，还是咳嗽不止。每次她都是从医院的病床上爬起来参加宣讲的。即使身体欠佳，至今为止王倩从未缺席任何一场宣讲。

曾经讲师团也开会讨论过，在主持词上加入“感谢王倩带病参

▲ 有着记者天生的新闻敏感的王倩一直保持着对事实报道和传播的执着追求

▲ 王倩在讲述她在非洲采访的故事

加宣讲”这样的话，但最后都删掉了。所以，观众能看到的只是台上神采奕奕的她，并不知道幕后的酸甜苦辣。

“其实很多次都觉得坚持得很辛苦。但每一次，我都告诉自己：你是宣讲团里唯一一名媒体人，你代表的，不仅仅是你个人。”

观众的反馈证实了这一点。很多观众在活动结束后自发地跑来找王倩，他们被深深震撼之余都表示，以前没想到记者的工作这么艰辛甚至危险，不知道记者为了做好新闻报道付出这么多。

王倩在珠海的一次宣讲后，一位母亲热切地找到她说：“我女儿一心要当记者，可我真的不了解这一行，今天听了你的演讲，我决定支持她！”

全媒体时代，纸媒记者面临着巨大的转型

挑战，不仅内容优势不能丢，同时，还要迅速学习掌握多种传播手段。平时，王倩也开展了不少全媒体工作，如担任出镜记者、访谈主持人，进行视频直播等，但宣讲对她个人来说，是一次次扎扎实实的锤炼，因为这种“同题作文”“多次写作”的训练，让她从根本上对传播的内容而不仅仅是呈现形式进行了全新角度的深入思考。

王倩总结说，如果说宣讲是在报道完成后对整个新闻事件和采写工作的重新梳理，那么在未来的工作中，宣讲的收获必能指导下一次乃至每一次的采访，在报道前会有更清晰和全面的思路。

如果把王倩最后一个版本的演讲稿和最初的版本进行比较会发现，有超过 90% 的内容和表述都已经完全不一样了。她每讲一次，都会大量收集观众反馈，并征求高校、行业专家意见，可以说，演讲稿是在广泛调研的基础上逐字逐句精心打磨、逐渐成形的。

经过“好记者讲好故事”的魔鬼训练，王倩的 ppt 是让讲师团最省心的一个。王倩也是第一个在 ppt 中使用背景音乐的宣讲员。每当久石让的《天空之城》缓缓响起，观众的情绪自然就被她带入了青蒿素的动人故事中。最初每次播王倩的 ppt 时，讲师团后台工作人员都很紧张，就怕音响有问题，现场出不来声音。习惯有配乐的她，情绪肯定会受到干扰。所以工作人员布场的时候，都会试一下她的音乐能不能正常播放，宣讲当天早上再试一遍，确保万无一失。

王倩在彩排的时候，对自己的声音要求很高。有一次她问讲师团的工作人员：“我宣讲的时候，音量小一点，音调高一点好听，

▲ 在后台布场的讲师团工作人员于双燕、陈立欣

▲ 宣讲过后，王倩与其他宣讲员在认真听取专家的点评意见

还是音量大一点，音调低一点好听？话筒好听还是头麦好听？”

之前王倩习惯用讲桌，讲桌上放着立麦。后来百姓宣讲的现场固定模式之后，把讲桌撤掉了。她开始试着在台上慢慢踱步，从边上走到中间，再从中间走到另一边，偶尔还转身看看大屏幕。或许是对青蒿素的故事太熟悉，对于讲师团经常出的“难题”，她都能完美地应对。比如宣讲时间从最初的 20 分钟，砍到 15 分钟，再到 12 分钟，最后只留 10 分钟。无论如何，对什么事都精雕细琢的王倩，总是让人很放心。

“这和我日常的报道方式截然相反。新闻报道操作中，记者掌握信息的上游，受众只能在下游接收，在互联网时代，虽然可以进行反馈互动，但很少能够改变报道的内容和方向。而讲故事更像是一次创作的过程，而且，和新闻报道一次性传播不同，讲故事是不断重复的传播，每一次传播的过程也是创作的过程，这种双向的信息流动显示了一种特殊的传播特点，值得媒体人思考。”

▲　宣讲中的王倩

从2017年到2019年，同一个故事讲了上百遍，有人问，会不会越讲越没有感觉？王倩起初也有这种担心，但由于上文所述的这种信息双向流动，她发现，实际上越讲越有新意，越讲越豁然开朗。

参加的几场宣讲会，王倩的发型不停地在变，盘着发髻，披肩长发，扎着马尾。点评老师曾经提出来，王倩的着装需要变一下。一件衬衫，一条牛仔裤上台确实不够庄重。王倩解释说，如果展示真实的记者生活，就是这样的，天天在采访的路上，没办法踩高跟、穿套裙。后来王倩还是听取了点评老师的意见，尝试换了几套服装，甚至还穿了少见的亮红色外套，胸前别着一枚精致的胸针。

追寻新闻背后的新闻

这个被王倩讲过上百遍的故事，背后是一个具有敏锐嗅觉的新闻记者，不懈努力挖掘新闻宝藏并忠实呈现给读者的过程。

2015年10月，中国科学家屠呦呦获诺贝尔生理学或医学奖后，青蒿素才开始被大众熟悉，但其实很多人并不知道，将屠呦呦早年已发现的理论应用于临床，研发出中国具有完全知识产权的青蒿素复方药物，并为此进行数十年国际推广工作的，是一些默默无闻的科研团队和药企。他们的努力，挽救了全球数百万人的生命。无论是科研创新的贡献，还是国际主义、人道主义的奉献，他们的功绩都可歌可泣。然而数十年来，因为种种原因这一切鲜为人知，成为很多人心中的遗憾。

2015年春天的一个晚上，当电视上播出屠呦呦获得诺贝尔奖的新闻时，作为一名记者，王倩的第一反应是：这个大新闻一定和广东有关，我要找到新闻背后的新闻。

很快，她就打听到，广州中医药大学的实验室，有一位身份特殊的老人，他的贡献却鲜为人知。

李国桥，这位广州中医药大学首席教授、中国青蒿素类药临床研究主持人，就这样走进了王倩的视线，成为她此后书写和讲述中国方案如何拯救饱受疟疾侵害的非洲人民的故事绕不开的重要人物。

疟疾，一种由疟原虫所致的虫媒传染病，流行于102个国家和地区。据世界卫生组织估计，全世界约有20亿人口居住在该病流行区，尤其是非洲、东南亚和南美洲的一些国家，并且恶性疟疾死亡率极高。尽管医学不断进步，疟疾直到现在依然是人们闻之色变的传染病，号称世界三大传染病之一。

虽然现在疟疾在国内已经少见，但其实疟疾的高传染性仍然威胁着国人的健康，特别是近年来中非往来频繁，输入性病例有增加趋势，而国内医生已经不熟悉疟疾，很多医院没有经验也没有备药，国人对“防疟抗疟”缺乏常识，导致危险指数直线上升。据全国消除疟疾专家指导组的数据，国内每年还有超过2000例疟疾确诊病例，其中2014年就有40多名病人在国内因为疟疾死亡。

疟疾的唯一传播途径是蚊子叮咬，这导致疟疾的传染防不胜防。

▲ 实验室中的李国桥

2011 年，内地某市一市级领导在出访非洲后，回国不久便发病高烧昏迷。昏迷三天后，当地医院的检验科主任才想起来有可能是疟疾，验血后发现，1 微升血液中的疟原虫已经达到了百万级别，大量的疟原虫不仅堵塞了脑血管，还严重地破坏了脑干组织。然而当地并没有抗疟药物，只好紧急从北京调来药物使用，但由于已经错过了最佳治疗时机，该领导脑组织被严重损坏，昏迷了 50 多天后还是不幸离世。

而青蒿素则被人称为“疟疾的敌人”，这种从黄花蒿茎叶里提取的药物是疟疾的头号克星。使用青蒿素治疗疟疾的历史最早可以追溯到 1700 多年前，东晋一个叫葛洪的人在广东惠州的罗浮山上研究中草药，他是第一个明确记载了青蒿素能够治疗疟疾的人。当然那时候的葛洪并没有把它命名为青蒿素，记载上也有些模糊不清，以至于千百年来疟疾依旧横行于世界。

直到 1971 年，屠呦呦受到中医药典籍启发，提出用乙醚低温提取青蒿有效成分，并且报告了青蒿提取物的抗疟效果。次年，她所在的“523 项目”小组成功提取了具有高效抗疟作用的青蒿素。

青蒿素被发现之后，如何进一步验证开发，以便快速、科学地消除疟疾，是科研界需要攻克的难关。作为“523 项目”参与者之一的李国桥，也一头扎进复方青蒿素研发中。

李国桥是位态度严谨个性执拗的科学家，他忙于科研婉拒了大批记者的采访要求。而老人浓重的地方口音，以及复杂的医学原理、

▲ 野生青蒿

历史背景，也让很多记者望而却步，但王倩没有。王倩相信，心诚则灵。“为了吃透他的话，我啃了几十万字的资料”，就是凭着这股韧劲，王倩硬是打开了一个丰富的新闻宝藏，这又让她惊喜万分。

早在2003年，正在进行复方青蒿素研发的李国桥遭遇撤资，项目被迫中断。新南方集团总裁、李国桥的学生朱拉伊得知后，为李国桥投入了第一笔6000万资金。自此，新南方集团与广州中医药大学青蒿素科研团队开始了长达十余年的合作。在此期间，李国桥为了测试新药疗效，甚至两次往自己身上注射疟疾病人的血液。这让王倩的心灵受到很大的触动。

2004年，李国桥萌生了一个大胆的想法——把中国的抗疟经验带到非洲去。因为那里，才是全球抗疟的主战场！他把这个想法告诉了朱拉伊后，两人一拍即合，朱拉伊毫不犹豫予以支持，不计回报地、陆续投入十几亿元，支持非洲抗疟。

2004年，为支持复方青蒿素研发和抗疟药品生产，朱拉伊的广东新南方集团与广州中医药大学共同创办了青蒿素科技研发企业，建成了完整的青蒿产业链并实现产量翻番，单株提取青蒿素含量也从原先的0.5%提升到2.1%。

也是在这一年，双方合作研制的第四代复方青蒿素——青蒿素哌喹片问世，并于2006年获得国家药监局一类新药证书。为了新药研制倾尽心血的李国桥，对于药的疗效信心满满。他表示：“它比任何西药的作用都快，服用两个小时所有的疟原虫停止发育，其他药物都要十几个小时。另外，它毒性很低，吃两三倍（用量）都没问题，用于抢救也很方便。”

药物研发完成之后很快投入使用。2007 年，李国桥师徒团队在外交部、商务部、国家中医药管理局及广东省人民政府的支持下，启动了复方青蒿素快速消除疟疾项目，并开始援助非洲岛国科摩罗灭疟。

远赴非洲采写中国抗疟方案

随着对李国桥及其弟子朱拉伊的采访越来越深入，王倩所受到的震撼也越来越大，内心想要前往非洲探寻老人用毕生心血研发的药品是如何克服重重阻力，帮助那片土地上苦难的人们的念头也越来越强烈，于是她向报社领导表达了前往非洲采访的想法，得到了领导的支持。

之后的手续办得很快。一个柔弱女子，抛下孩子，只身前往非洲采访中国抗疟故事的事情很快传开了。王倩的故事代表了中国新闻记者的职业精神——用感情鼓劲，用责任记录，把真相和感动带给大家。也正是这些故事的传播，引起了广东省委宣传部讲师团的注意，才会有后来的精彩宣讲。

独自一人来到这片被称为“罪恶土地”的非洲大陆上，王倩开始了她的探索真相之旅，非洲土地上鲜活真实的抗疟故事在她的笔

▲　李国桥在中国和东南亚抗疟四十多年

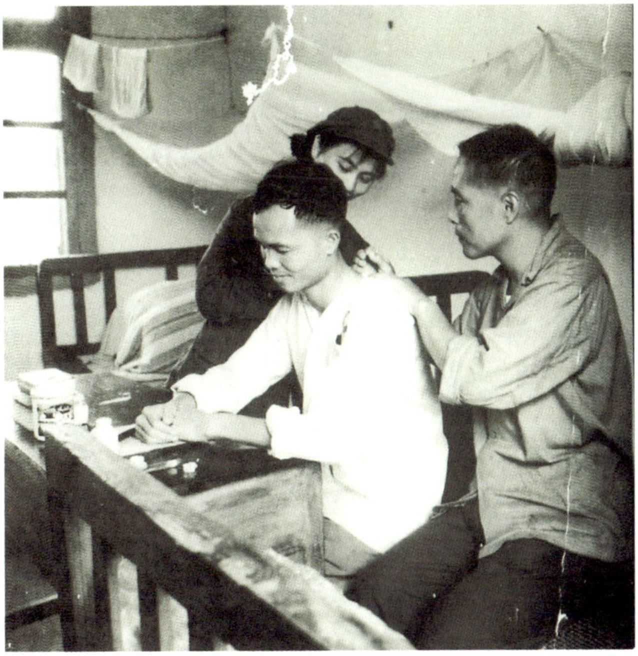

▲　1969 年，李国桥（中）感染疟疾，请同事针刺大椎穴进行试验

下一一呈现在读者面前。

悲惨的现状已经令人唏嘘，王倩没有停止追踪，继续抽丝剥茧，调查造成这些惨状背后的深层次原因。

王倩采访发现，西方传统抗疟思路是防蚊灭蚊，但治标不治本，蚊子生生不息，疟疾反反复复。而因为种种原因，中国经验在非洲难以推广。

要知道，在非洲，疟疾流行地区大多欠发达，患病人群购买力十分有限。当时，由世界卫生组织、政府、慈善机构等大型采购组织形成的公立市场采购份额占据总采购量 80% 以上，自由市场交易量十分有限。但公立市场长期被欧美发达国家药企占据，发展中国家的创新药品基本被隔绝在外。

王倩了解到，进入公立市场必须经过世卫组织预认证、世卫组织药品认证和 GMP（药品生产质量管理规范）认证三道关卡。其中，预认证要求是发达国家的原创药或发展中国家的仿制药才能申请，而青蒿素哌喹片属于发展中国家的原创药，因而无法获得申请资格。

为打破这一局面，朱拉伊所在的企业试水全新的药物推广模式——以医带药。即通过与疟疾高发区的政府机构签订合作协议，由当地商务部采购药品、派出工作人员；中方则提供技术培训，帮助该地区建立卫生点，健全公共卫生系统，进而构建防御体系消灭疟疾。

2007 年，在国家中医药管理局的支持下，“复方青蒿素快速消除疟疾项目”作为中医药国际科技合作重点项目正式启动。朱拉伊所在的企业派出工作小组，与广州中医药大学抗疟医疗人员组成援助团队，共同前往疟疾流行区开展青蒿素快速灭疟行动，这一模式首先选择在非洲岛国科摩罗试验。

朱拉伊表示：“我们的策略是，通过对疟疾的发病规律、发病因素进行病理研究，研发出快速控制甚至消灭疟疾的诊疗方案，同时调动当地人民的治病积极性。我们的疗法是全民服药，每人每月吃四片药，连续吃三个月。”

但是，推广之路并不顺畅。中国人送医送药，触动了一些人的利益。多数科摩罗家庭都有人因疟疾住院，大部分诊所往往爆满。每治疗一次疟疾的费用大约要 100 元人民币，但当地人每个月的平均收入仅 500 元上下。因为疟疾，医生成了当地收入很高的职业。这样一来，中国人送医送药便成了当地很多医疗机构的眼中刺肉中钉，各种不配合也在意料之中。

阻力还来自当地居民。援助团队在当地组织了一支 4000 人的派药员队伍，每人分区挨家挨户拜访。遇上不愿配合的，除三顾茅庐外别无他法。“一家人登门拜访三四次很平常，很多村子我们来来回回走了好几次。”在科摩罗，打响抗疟疾第一战的是拥有 3 万多人口的莫埃利岛。莫埃利岛有 27 个村子，援助团队都跑遍了。有队员笑着说：“科摩罗总统没去过的村子，我们都去过了。”3 万多人同时服药，这是一个什么概念？最难的是组织，“我们雇用了 300

▲ 志愿者在给非洲民众讲解抗疟药物服用事项

▲ 在非洲的中国抗疟队队员

▲ 等待服药的非

▲ 工作人员记录民众服药情况

▲ 非洲的儿童在接种疫苗后对工作人员竖起大拇指表示感激

多名当地人，一部分是派药员，每人负责 200 个人的派药工作，看着他们吃下去，并且做好记录。还有一部分监督员，监督发药、服药情况。”

这个浩大的工程，每一个细节都需要精心布置，“最简单的环节，比如酬劳，当地的银行很少，派药员、监督员、司机、中午负责发放盒饭的服务人员，都是临时雇员，需要现金结算。我们的会计只能随身背着几百万当地货币，到处跑”。即使顶着这样的阻力，李国桥师徒硬是在东非小岛国科摩罗闯出了一条路。十几名中国抗疟队员常驻在那里十年，跑断腿、磨破嘴，从莫埃利岛到昂岛、大科岛，在这支青蒿素抗疟团队的不断努力和坚持下，终于做通了科摩罗 90 万人的工作。

推动全民服药先后于 2007、2012 和 2013 年在科摩罗所辖的莫埃利岛（3.7 万人口）、昂岛（32 万人口）和大科岛（40 万人口）地区进行，超过 220 万人次参加，3 万多外来流动人口参加预防服药。功夫不负有心人，经过 10 年的努力，这个备受疟疾折磨的岛国，疟疾发病率下降了 99%，疟疾感染率从 142/1000（2006 年），下降为 2.8/1000，基本摆脱了疟疾噩梦，2014 年第一次实现了年度零死亡。药物专家表示，这是人类历史上首次通过群体药物干预，使一个国家快速控制住了疟疾流行。

团队成员说，最直观的感受是：以前人满为患的基层医院，如今人很少。有相熟的医生跟他开玩笑说，你看，你把我们的生意都

▲　朱拉伊（右一）和肯尼亚政府共建的经济特区开工奠基

弄没了。团队中请假的人也少了，“以前我们的科摩罗派药员中，隔三差五就有请假的。一问都是发烧、头晕，这是疟疾症状，但现在很少有人请假了”。

相反，科摩罗的酒店数量多了。2007 年，科摩罗全国最大的酒店仅有 30 来间房，但这两年酒店数量越来越多。与酒店量、游客人数同时增加的，还有前往科摩罗的航班。2007 年，从广州出发去科摩罗要耗时 5~7 天，现在只需在肯尼亚转一趟机，24 小时内就可到达。

当地居民的态度也变了。“2007 年我们刚到的时候，他们都有些戒备心，看我们的眼神不是特别友好。”情况在 2008 年便有所转变。汶川地震发生后，一名科摩罗当地派药员把当月的所有收入都捐献给了中国使馆。

推动中国方案解决世界问题

科摩罗的成功吸引了非洲其他国家的注意。东非大国肯尼亚与中国援助团队取得了联系，并共同协商，建立首个抗疟示范区，首批将覆盖 15 万人左右。同时，中国团队还与肯尼亚政府共建了该国第一个经济特区。“肯尼亚是东非政治经济文化中心，是‘一带一路’的重要节点国家，也是执行英式医疗卫生标准的国家，准入门槛非常高。这个国家的加入对非洲其他国家的示范效应非常强。”

从世卫组织公布的 2014 年疟疾报告中可以看到，该组织对青蒿素类药物给予极高评价。据统计，在复方青蒿素药物的帮助下，2000 年至 2014 年全球疟疾发病率降低了 47%。世卫组织认为，“这是世界疟疾防治史上最好的一段”。

李国桥师徒合力研创的抗疟药物不断得到世界的肯定。多年来，柬埔寨和印度尼西亚军队均采购复方青蒿素药物作为部队用药，取得明显成效。科摩罗前总统桑比、现任总统伊吉利卢等国家元首，索马里、马拉维、柬埔寨等十余国的卫生部部长都曾来到中国参观考察，索马里、南非、海地等国均表示希望采用这些防抗疟疾技术和药物来帮助解决疟疾的威胁。李国桥师徒研创的抗疟药物已经成为中国外交部、商务部和卫生部对非工作和宣传的一张“中国名片”。

在采访中，王倩了解到，朱拉伊一直以公益的形式在推进复方青蒿素快速消除疟疾项目。“我有中医中药情结，我想把我最有感情的事业介绍给全世界”，朱拉伊对王倩说，“‘复方青蒿素快速消除疟疾项目’是一个‘中国方案’，也是中医的方案，超越了西方国家的方案，我希望能用它来解决非洲问题，解决世界问题。”

王倩曾问朱拉伊，复方青蒿素快速消除疟疾项目被很多人认为见效快、能够根除疾病，但没有经济效益，这对一家药企来说是自杀式行为，这赔本的买卖打算做到什么时候？朱拉伊回答说：“消灭疟疾是我的医学梦想，而且，企业的社会责任感和经济效益不是一对矛盾，相反，具有高度社会责任感的企业家会赢得社会的尊重和信任，获得更多的商机。以青蒿素为例，我们助力非洲绿色崛起，

▲ 王倩与朱拉伊在非洲

让当地人民看到中国企业的社会责任感，建立良好的中国企业形象，与非方实现共赢，所以非常受当地欢迎。”

朱拉伊相信在经济全球化、信息全球化时代，“一带一路”可以帮助沿线国家和中国实现互补。在青蒿素项目中，用中国方案，不仅可以挽救生命，还可以帮助非洲国家每年减少上千万美元的公共支出。以中国方案作为切入点，给当地带来切实利益，这是“一带一路”最好的落实，也是最容易为沿线国家所接受的。“一带一路”就是用中国理念助力沿线落后国家和地区绿色崛起，最终实现世界共赢。

王倩说，李国桥和朱拉伊二人在科研上和应用上挑战“非洲疟疾”这个大课题，是将中国方案运用于解决全球问题的生动体现。作为一名记者，不应该让这样的故事沉寂，应该通过多种方式让它广为传播。

王倩采写的这些展现中国方案抗击全球疟疾的全景式报道不但在社会上引起巨大反响，更获得中宣部阅评表扬。2017 年，在由中宣部、国家网信办、国家新闻出版广电总局、中国记协主办的第四届“好记者讲好故事”活动上，王倩代表广东参赛，讲述采写青蒿素系列报道的经历。经过激烈角逐，王倩获得“优胜选手”称号，入选全国巡讲团，“讲好广东故事，讲好中国故事”。

王倩为此感到很欣慰——习近平总书记强调，中医药学是“中国古代科学的瑰宝”。要深入发掘中医药宝库中的精华，让中医药走向世界。而她，用笔跟随，记录下中国人的努力，也记录下中国人对全人类的贡献。

这样动人的中国故事，王倩还采访了很多。在中共十九大系列报道中，王倩采访了解了十九大代表甘露在国际贸易准则的制定中发出中国声音、十九大代表杜玉涛带领创新团队在尖端科技领域展现中国智慧等众多故事……

每当站在讲台上宣讲这些故事的时候，王倩总是会望着台下或是欣慰，或是激动，或是振奋的一张张面庞，心里默默地提醒自己谨记本职工作：记者是生活的观察者和思考者，不需要豪言壮语，只需要娓娓道来，为读者讲述朴实的感情、生动的情节。

在奔腾的时代巨潮下，传媒理应成为纷繁复杂的历史诸力中之大端，汇聚主流精英和人民大众的声音，为社会进步、经济发展和民生改善提供有建设性的思考。王倩做到了——她的手里有一支笔，心里也有一支笔。她会用手里的笔一直记录生活，用心里的那支笔不断地讲述中国人对生活的热爱、记录中国人对美好的守望。她说，“通过我们的报道来记录我们这个新时代下中国各行各业整体的新气象，整体展现中国人的生活，展示中国形象、中国故事，激励我们能够在未来做出更多的新作为。”

王倩于 2002 年大学毕业后即进入羊城晚报社工作，大部分时间作为文教记者奋战在采访一线，深耕教育、科技、文化、政治等多领域新闻十几年，成长为采访、编辑、全媒体传播等领域的多面手，

▲　一直在追踪中非合作报道的王倩

获得国家及省级以上新闻专业奖项十多次。

时代呼唤有思想、有责任感的媒体精英。在一次宣讲中，王倩表示，作为新闻工作者，她牢牢记住了习近平总书记的话，“要坚定文化自信，讲好中国故事”。通过发现和传播更多中国故事，推动中国方案解决世界问题。她说，“我是记者，我将坚定不移地继续走基层、转作风、改文风，不断增强脚力、眼力、脑力、笔力，把更多鲜活新闻带给读者，向读者讲好中国故事。我将不忘初心，我会继续前行”。

不忘初心，砥砺前行。相信社会上将有更多像王倩这样的传媒精英，肩负人文使命，承载春天的梦想，奔赴远方！

宣讲稿

回到宣讲现场

王倩：中国方案　丝路情怀

大家好，我是一名记者，这些年来我采访过很多人，很多故事。但在我的职业生涯里，有一个故事占据着特别的位置——为了它，我追了三年，追了一万多公里，发表了近十万字的报道；也因为它，我荣获了“中国新闻奖”。今天，我想跟大家讲讲这个故事。

▼ 宣讲会现场王倩正在进行充满激情的演讲

故事要从两个名词讲起——“疟疾”“青蒿素”。疟疾是什么？南方人曾经管它叫“打摆子”，被疟蚊叮一口可能就没命了。直到现在，疟疾仍然是世界三大传染病之一。青蒿素又是什么？这种从青蒿草里提取的药物是疟疾的头号克星，被誉为“拯救了2亿人的发现”。

话说起来，青蒿素这一伟大发现和广东渊源很深。1700多年前，东晋一个叫葛洪的人在广东惠州的罗浮山上研究中草药，他是第一个明确记载了青蒿能够治疗疟疾的人。

1700多年后，青蒿素和广东的渊源又有了新的发展。2015年，我在广州中医药大学的实验室里，认识了80岁的李国桥——他，是中国青蒿素类药物临床研究主持人。通过青蒿素，他把数以万计的人们从死神手中救了回来。

改革开放的四十年，恰好也是青蒿素从理论向应用发展的四十年。四十年来，李国桥不断升级改进青蒿素药物。为了测试新药的疗效，他不惜两次往自己身上注射疟疾病人的血液。明知道这么做等于自杀，他还是义无反顾地写下了遗书：“告诉我的妻子，只要在我的花圈上画一只疟原虫，我就心满意足了。”

我问他为什么这么做，老人说：“因为我见过疟疾横行的中国。”

2004年，早已过了退休年龄的李国桥又萌生了一个大胆的想法——为什么不把中国的抗疟经验带到非洲去，因为那里，才是全球抗疟的主战场！

他把这个想法告诉了自己昔日的学生、民营企业家朱拉伊。师徒俩一拍即合，朱拉伊毫不犹豫地掏出 6000 万元支持新药研发。此后多年，又不计回报地、陆续投入十几亿元，在非洲抗疟。

想以一家民企之力，对抗非洲疟疾？这不是把钱往无底洞里扔吗？我在朱拉伊的企业采访时，连他的员工都跟我说："我的老板，疯了。"

他们真的只是疯了吗？我不信。

于是我也来到了非洲。照片上的这个小女孩是我在非洲采访时碰到的，看上去和我女儿差不多大，我忍不住问她："你叫什么名字？"她摇摇头。没听懂？找了个翻译再问，还是摇头。旁边的大孩子说："别问了，她没有名字的！"没有名字？我女儿还没出生就起好了名字，她都这么大了怎么可能还没有名字？

当我见到她爸爸时，我简直有点生气了："你怎么不给她起名字呢？"然而他的回答让我说不出话来："在我们这儿，5 岁前的孩子都不起名字。因为疟疾，他们大多活不过 5 岁啊！"说这话时，他的表情是那么平静，好像这是一件再平常不过的事。

在到非洲之前，我只知道全球每年感染疟疾的人数是 2 亿人。等我到了非洲，才真切地感受到这数字背后的一个个活生生的人，也才真正理解了李国桥师徒那份急切的医者之心。

也许有人会问，青蒿素不是疟疾的头号克星吗？中国不也战胜

▼ 图为王倩宣讲中提及的小女孩

疟疾了吗？怎么非洲还这么严重？

在非洲抗疟的历史上，最近一百年一直采用的是西方主导的抗疟思路——一边灭蚊一边使用蚊帐，但这办法治标不治本，蚊子生生不息，疟疾就反反复复。

而李国桥的思路完全不同——中国的成功实践证明，要根除疟疾就要全民服药。

这就是中国方案的秘密。以前很多人都吃过打虫药宝塔糖，这种治疗办法就叫全民服药。但一家中国民企要在非洲组织全民服药可不是那么容易的事！而且中国人送医送药，触动了不少人的利益，一名当地医生甚至不客气地说："你们中国人，就是来砸饭碗的！"

正是顶着这样的阻力，李国桥师徒硬是在东非岛国科摩罗闯出了一条路。十几名中国抗疟队员常驻在那儿十年，跑断腿、磨破嘴，总统没去过的村子都跑遍了，终于做通了科摩罗全国 90 万人的工作。

最终，通过三次全民服药，中国方案发挥了奇效——科摩罗的疟疾发病率下降了 99%，第一次实现了年度零死亡！中国人，做到了西方上百年都没能做到的事。

2013 年，科摩罗副总统特意来到广州中医药大学，为李国桥团队颁发总统奖章，表彰他们十年来的艰辛工作。之后这位副总统无论走到哪儿，都不忘说一句："感谢中国兄弟！"

李国桥、朱拉伊都是性格低调只做不说的人，我在采访朱拉伊之前都搜不到他的照片，而我是第一个专访他的记者。

我问他："既然您是学医的，为什么又弃医从商？"

他说："如果不是搭上了改革开放的快车，我绝没有今天的经济实力，帮助老师就是帮助自己完成心愿。"

我又问他："你为青蒿素已经投入了十几亿元，这赔本买卖打算做到什么时候？"

他是这么说的："消灭疟疾是我的医学梦想，花多少钱我也愿意！"说到这儿，他话锋一转，"你知道吗，青蒿素也是'一带一路'的先行者和守护神。"

2017年4月，在青蒿素的"守护"下，朱拉伊和肯尼亚政府签订协议，共建该国第一个经济特区。

这让我想到，两百年前，西方列强是用坚船利炮轰开中国市场的大门；两百年后，中国商人送医送药、治病救人，用爱和希望赢得非洲人民的尊重！

和古丝绸之路一样，这是一条充满东方智慧的和平共赢之路。

在我的报道之后，《人民日报》、新华社、中央电视台都进行了重点报道。这对师徒的故事从鲜为人知到广为传播。

改革开放的四十年，正是青蒿素从无到有，从理论向实践发展的四十年。四十年后的今天，中国方案已经被世卫组织正式写入最新一版的《全球消除疟疾指南》，四十年后的今天，来自广东的青蒿素药物和抗疟方案已经成为"一带一路"上一张闪亮的中国名片。

习近平总书记向世界提出构建人类命运共同体的倡议，欢迎全世界搭乘中国发展的快车。青蒿素，不仅守护了中国人的生命，更守护了非洲和全人类的健康。

这就是青蒿素的故事。作为新闻工作者，我牢牢记住了总书记的话，坚定文化自信，讲好中国故事，推动中国方案，解决世界问题。我是记者，我会用我的笔一直记录，我会用我的口不断讲述，记录下中国人对全人类的贡献。

相关链接

【来源】羊城晚报

羊晚记者讲述“青蒿素的故事”反响热烈

12月14日至23日，由中宣部、国家网信办、国家新闻出版广电总局、中国记协共同组织的第四届“好记者讲好故事”展开了全国巡讲活动，42名优秀演讲人分赴北京、辽宁、吉林、黑龙江、陕西、甘肃、新疆、山东、江苏、河南、湖南、江西、浙江等省、市、自治区，围绕学习宣传贯彻党的十九大精神和习近平新时代中国特色社会主义思想，坚持“四向四做”要求，做党和人民信赖的新闻工作者，开展巡讲活动。

其中，《羊城晚报》记者王倩以《青蒿素——一个动人的中国故事》为题，讲述了青蒿素临床研究专家李国桥、民营企业家朱拉伊十几年来通过中国方案抗击非洲疟疾的故事。这个故事的基础是2015年《羊城晚报》曾进行的《揭秘青蒿素和广东的故事》等独家系列报道，以王倩为主力记者的这些报道深入挖掘了青蒿素的推广历程和给世界带来的重要贡献。《揭秘青蒿素和广东的故事》同时获得中国新闻奖和广东新闻奖。

通过“好记者讲好故事”活动，王倩将报道的经过通过讲故事的方式展示出来，让更多人了解了这个动人的中国故事，演讲所到之处深深打动着在场观众的心。

《三湘都市报》总编室主任李国平说：“《羊城晚报》是我们的新闻高地，青蒿素的故事深深触动了我，记者七百多天的追寻，职业精神让人内心震撼，《羊城晚报》的新闻高度令人仰望。”

湖南省长沙市岳麓区天顶街道青山村居民毛艳说：“整个报告过程让我多次热泪盈眶，可以用视听盛宴来形容，让我们看到记者们如何用故事记录社会的进步。我印象最深刻的就是青蒿素的故事，师徒二人的家国情怀，为世界做出了极大贡献。这个故事让我感受到——世界这么大，我想去看看；家里这么好，随时能回来。给我们幸福感的背后是强大稳定的中国。”

王倩在接受江西新闻联播采访时表示：“通过我们的报道来记录我们这个新时代下中国各行各业整体的新气象，整体展现中国人的生活，展示中国形象、中国故事，激励我们能够在未来做出更多的新作为。”

据了解，此次巡讲走进多个省、市、自治区的党政机关、新闻单位、厂矿社区、高等院校，每次巡讲结束，还要和各界人士进行深入座谈。参加此次巡讲的42名记者来自全国各级各地媒体的采编一线，他们的故事精彩纷呈。